Mon testament
spirituel

Claude Ryan

Mon testament
spirituel

107, 18

NOVALIS

Mon testament spirituel est publié par Novalis.

Couverture et mise en pages : Christiane Lemire, Dominique Pelland

Photo de la couverture : Daniel Creusot

© Novalis, Université Saint-Paul, Ottawa, Canada, 2004.

Dépôt légal : 4ᵉ trimestre 2004

    Bibliothèque nationale du Canada

    Bibliothèque nationale du Québec

    Novalis, 4475, rue Frontenac, Montréal (Québec), H2H 2S2

    C.P. 990, succursale Delorimier, Montréal (Québec), H2H 2T1

ISBN : 2-89507-545-x

Imprimé au Canada

Nous reconnaissons l'aide financière du gouvernement du Canada par l'entremise du Programme d'aide au développement de l'industrie de l'édition (Padié) pour nos activités d'édition.

Catalogage avant publication de Bibliothèque et Archives Canada

Ryan, Claude, 1925-2004

    Mon testament spirituel

    Comprend des réf. bibliogr.

    ISBN 2-89507-545-X

    1. Vie chrétienne - Auteurs catholiques. 2. Laïcat - Église catholique. 3. Doctrine sociale de l'Église. 4. Église et le monde. 5. Morale politique. 6. Ryan, Claude, 1925-2004 - Religion. I. Titre.

BX2350.3.R92 2004   248.4'82   C2004-941531-X

NOVALIS

Mot de l'éditeur

En novembre 2003, quand Claude Ryan s'est présenté aux bureaux de Novalis à Montréal, il ne savait pas encore que ses jours étaient comptés, mais il se savait malade, gravement malade. Pourtant, l'homme qui se tenait devant moi n'était pas anxieux. Outre le sentiment du travail accompli, un grand désir l'habitait, celui de transmettre ce qu'il avait lui-même reçu, les valeurs humaines et chrétiennes sur lesquelles il avait bâti sa vie. Il m'a dit simplement : « J'aimerais que vous jetiez un coup d'œil à ces textes. Dites-moi si ça vaut la peine de les publier. » Nous nous sommes revus quelques semaines plus tard, moi pour lui confirmer mon intérêt à publier ce qu'il m'avait présenté, lui pour m'apprendre qu'il était atteint d'une maladie incurable. Peu de temps après, en présence de sa fille Monique et de son garçon Paul, alors qu'il venait de recevoir une transfusion sanguine, Claude Ryan nous a entretenus de la manière dont il souhaitait voir ses projets d'édition menés à terme, conscient qu'il ne faudrait pas compter sur lui. C'est la dernière fois que nous nous sommes vus. Il me revenait de donner suite au projet que nous avions esquissé.

* * *

Claude Ryan a beaucoup écrit. Il laisse une volumineuse correspondance dont il faudra un jour faire l'inventaire. Il a donné un nombre incalculable de discours et de textes d'opinion, tout au long de sa carrière; certains ont été publiés, d'autres diffusés auprès d'un nombre restreint d'auditeurs et de lecteurs. Il a rédigé quelques ouvrages remarquables, notamment sur le fédéralis-me. Mais la plupart d'entre nous se rappellent surtout, et avec plaisir, les éditoriaux qu'il signait dans *Le Devoir*. Ses proches col-laborateurs sont là pour l'attester : il ne se prononçait sur une question qu'après avoir étudié en profondeur ses dossiers et ce, dans les délais très courts qu'impose une publication quotidien-ne. Son talent d'éditorialiste était exceptionnel. En quelques pa-ragraphes, il réussissait à cerner l'essentiel de la situation ou du débat en cours, à dégager les enjeux et à prendre parti. De ces années passées à rendre compte d'une actualité fébrile dans un contexte d'effervescence politique et religieuse, il a conservé un souci de clarté et de rigueur dont témoignent éloquemment les pages qui suivent.

Les questions religieuses ont occupé une place importante dans la réflexion de Claude Ryan. Il était croyant, pratiquant. Il ne s'en est jamais caché. Pour lui, le témoignage est une dimen-sion essentielle de la vie chrétienne. « Lorsque j'œuvrais dans le journalisme et la politique, je n'ai jamais voulu, écrit-il, que les valeurs de ma famille spirituelle soient imposées à autrui par le recours indu à l'appui du pouvoir politique. Mais je n'ai jamais voulu non plus qu'elles demeurent cachées sous le boisseau. L'idée selon laquelle la religion devrait être strictement confinée à la vie privée a toujours été incompatible avec la vraie nature du christianisme. » Il n'est donc pas surprenant de le voir prendre la plume après avoir mis fin à une carrière politique bien remplie pour rendre compte de sa foi ou mieux, de l'espérance qui l'habi-tait, selon la belle expression de l'apôtre Pierre (*1 Pierre* 3,15). Il vaut peut-être la peine de préciser dans quel esprit il l'a fait. « Alors que les textes de l'ancien directeur du *Devoir* et du politi-cien des premières années étaient marqués par la polémique, m'écrivait André Fortier, un proche collaborateur et ami de Claude Ryan, il s'est progressivement imposé un devoir de rete-nue. Au souci de clarté et de rigueur s'est ajouté le souci d'éviter la controverse. Cette préoccupation était particulièrement vraie lorsqu'il était question d'aborder les sujets religieux. L'épisode de « la main de Dieu » fut pour lui une dure leçon au sujet duquel il a toujours senti le besoin de s'expliquer. Mais on sent que ce n'est pas tant le tort qu'il pouvait subir qui le préoccupait, que les conséquences pour l'Église et les croyants qu'il redoutait. Si une opinion qu'il devait faire connaître était susceptible de créer des remous, il voulait éviter qu'elle soit le prétexte à des débordements gratuits ou des embarras inutiles. »

Les textes de ce recueil ont été choisis par Claude Ryan dans un ensemble d'une quarantaine de discours, d'articles et de transcriptions d'entrevues portant sur des questions religieuses entre 1997 et 2003. La plupart des textes reproduits le sont *in extenso*. Si quelques-uns ont été abrégés, c'est uniquement pour éviter d'inutiles répétitions. Mais cette production remarquable en soi ne représente qu'une partie de l'activité intellectuelle de Claude Ryan de 1994 jusque dans les semaines qui précèdent son décès. C'est durant cette période notamment qu'il a rédigé ses notes (environ 600 pages) pour un cours sur l'enseignement social de l'Église qu'il a donné au Centre Newman de l'Université McGill.

Avec son accord, nous avons choisi de présenter les textes non selon leur ordre chronologique, mais autour des grands axes à partir desquels s'est élaborée sa réflexion : sa perception du rôle des laïcs dans l'Église (1re partie : Mon engagement de chrétien), l'avenir de la foi (2e partie : Comment croire aujourd'hui?), la pertinence de l'Église dans le monde d'aujourd'hui (3e partie : Questions sur l'Église), l'éthique et la politique (4e partie : Concilier éthique et politique) et la 5e partie : la doctrine sociale de l'Église. Les deux textes portant sur l'enseignement social de l'Église méritent une attention particulière. Dans le premier, Claude Ryan expose toute la richesse des textes pontificaux de Léon XIII à Jean XXIII. Il s'emploie à mettre en valeur, dans une plus juste perspective, la pensée sociale de l'Église. Il reprend ici une partie des thèmes développés dans le cadre du cours qu'il a dispensé à McGill. Le deuxième texte donne une lecture plus personnelle et plus contemporaine de la portée de certaines encycliques récentes qui enrichissent l'enseignement social de l'Église. Claude Ryan y formule de durs commentaires à l'endroit de la méconnaissance des milieux politiques et des médias envers l'enseignement social de l'Église. Les milieux catholiques ne sont pas non

plus sans reproche à ses yeux lorsqu'il évoque que l'enseignement social de l'Église est considéré comme un élément marginal de l'engagement religieux de prêtres et de laïcs.

Ce n'est pas sans raison que nous avons placé au départ les
textes où Claude Ryan livre sa vision du rôle des laïcs dans l'Église.
C'est la perception très profonde et très juste qu'il se faisait du
rôle des laïcs qui l'ont amené à prendre la plume pour faire
connaître son point de vue sur les questions religieuses qui
retenaient son attention. Il ne s'agissait pas pour lui de faire la
leçon à qui que ce soit. Mais chaque fois qu'il a jugé nécessaire
de le faire, il y est allé de mises en garde sérieuses à l'endroit de
l'institution ecclésiale. Il agissait ainsi parce qu'il était conscient
d'être membre à part entière de l'Église, et qu'il lui revenait à
juste titre de se préoccuper de son avenir. Certains des textes de
ce recueil illustrent particulièrement bien la liberté intérieure qui
était sienne dans le regard qu'il portait sur l'Église. Mais cette
liberté intérieure s'appuyait sur une incessante recherche. Lecteur
infatigable, Claude Ryan a toujours eu le souci de puiser aux
sources les plus sûres pour alimenter sa réflexion et éclairer son
jugement.

Pour rendre compte de la très haute idée que se faisait Claude
Ryan du rôle des laïcs dans l'Église, il faudrait évidemment s'arrêter
à ses années de militance dans l'Action catholique. Mais on ne
saurait également passer sous silence l'influence qu'a exercée sur
lui le cardinal John Henry Newman. Selon sa propre affirmation,
il a trouvé dans l'œuvre de Newman « une source inépuisable
d'inspiration ». Dans une entrevue qu'il a accordée à l'abbé Roland
Leclerc, il résumait de la manière suivante l'attrait que Newman
avait exercé sur lui : « Newman répondait à ce que je pensais
être. Il m'a aidé, je pense, à tendre vers ce que je souhaitais être.
Il m'a donné l'exemple d'une rare harmonie entre la vie
intellectuelle et la vie spirituelle. » Dans le regard que Claude
Ryan porte sur l'Église et la société d'aujourd'hui, on retrouve
l'ouverture, la liberté intérieure, l'esprit critique et l'espérance
qui caractérisaient Newman. Ryan est manifestement saisi par la
pertinence et l'actualité de la pensée de Newman en regard de la
situation ecclésiale présente. En octobre 2002, s'adressant à de

jeunes prêtres rassemblés à l'occasion d'une rencontre provinciale, il affirmait : « Sans minimiser l'importance de l'institution, Newman attachait une suprême importance à l'expérience personnelle que le chrétien devrait de plus en plus faire de la foi. Il rejoignait en cela, d'une manière prophétique, la place centrale qui revient au sujet humain, à sa liberté et à son autonomie, dans les sociétés sécularisées d'aujourd'hui. »

* * *

Je me suis laissé séduire par la pensée profonde, limpide, honnête, rigoureuse et… critique de Claude Ryan. Quand j'ai entrepris la lecture des textes qu'il m'a présentés, il s'est instauré très rapidement un dialogue dont je ne suis pas sorti indemne, parce que je me suis laissé interpeller. Passant de mon point de vue à celui des lecteurs et lectrices qui liront cet ouvrage, je fais le pari que la séduction opérera aussi, qu'eux également entreront dans le dialogue auquel le texte les convie, un dialogue sur la foi dans le monde d'aujourd'hui, sur la situation de l'Église au Québec, sur le rôle irremplaçable que les laïcs sont appelés à jouer dans la société et sur l'engagement en politique.

Michel Maillé

En guise de prélude

À cœur ouvert[1]

Roland Leclerc – *Vous avez été politicien, vous avez été secrétaire général de l'Action catholique. Faut-il en politique mettre la foi en veilleuse? Faut-il laisser la foi à la porte quand on entre en politique?*

Claude Ryan – Il ne faut pas nécessairement laisser sa foi à la porte quand on entre en politique mais il faut apprendre à y référer d'une manière adaptée au milieu politique. Le langage politique est en effet un langage particulier qu'il faut apprendre. Il n'a guère de place pour les propos qui semblent vouloir s'éloigner du sol. Je me souviens d'un incident qui m'était arrivé peu après mon entrée en politique. Dans un entretien à la télévision de langue anglaise, l'interviewer m'avait demandé : « Qu'est-ce qui vous a guidé dans vos décisions? » J'avais spontanément répondu, car tel était mon sentiment, qu'*a posteriori*, en revenant sur les grandes décisions que j'avais été appelé à prendre, je croyais avoir été guidé dans ces décisions par la main de Dieu. Je voulais signifier tout simplement que les circonstances dans lesquelles j'avais été amené à prendre certaines décisions m'étaient apparues après coup comme l'indication de ce que Dieu voulait alors de moi. Mais mes propos furent mal compris dans plusieurs milieux. Certains dirent : « Voilà un illuminé qui se croit

---

[1]   Entretien Roland Leclerc-Claude Ryan dans le cadre de l'émission *Parole et vie*. Texte reconstitué par Claude Ryan pour fins de publication (août 2001).

directement guidé par la main de Dieu ». Comme mes propos reflétaient ma pensée, il ne vint jamais à l'esprit de les retirer. Mais je compris que le milieu politique n'était pas prêt à entendre de tels propos sous la forme où ils avaient été tenus.

RL – *Cela vous a enfermé. D'une certaine façon, ce fut une jambette?*

CR – Non, je ne fus pas vraiment troublé par cet incident. De fait, je continuai mon travail comme si rien n'était. Tout le monde savait à quoi s'en tenir au sujet de mes opinions et habitudes en matière religieuse. Quand j'entendais des critiques à ce sujet, je répondais le plus souvent : « Comme citoyen, j'ai le droit d'avoir les valeurs auxquelles je crois. Je n'ai pas de permission à vous demander ni de comptes à vous rendre à ce sujet. Si vous désirez connaître mes valeurs, je vous en parlerai volontiers mais je ne chercherai pas à vous les imposer. Je n'admettrai pas non plus qu'on tente de les déprécier en ma présence ». Dans tous les secteurs où j'ai œuvré, j'ai tenu le même genre de discours. Certains me trouvaient intransigeant. Cela m'a parfois nui mais m'a aussi servi à d'autres égards. Je suis demeuré attaché à certaines valeurs de fond pendant mon séjour dans la politique tout comme après mon départ de la vie publique.

RL – *Vous dites que la foi vous a aidé à garder vos valeurs de fond?*

CR – J'ai tenté de conserver dans les milieux où j'ai œuvré une liberté d'expression qui me permettait de parler de religion comme d'autres sujets, en accord avec mes convictions profondes. Quand j'étais journaliste, j'écrivais ce que je pensais. Je suivais la vie religieuse de près; je la commentais souvent, et je le faisais avec une grande liberté car le journal dans lequel j'écrivais n'était pas sous le contrôle de l'autorité ecclésiastique. En politique, il m'est arrivé à diverses reprises d'avoir à traiter de sujets ayant des liens avec la religion. À titre d'exemple, je fus le parrain d'un projet de loi qui récrivait de fond en comble la vieille loi de l'instruction publique. J'insistai fortement pour que la place de la religion dans l'école soit définie d'une manière claire et satisfaisante autant au point de vue démocratique qu'au point de vue des attentes des milieux religieux. Sans en faire un sujet de croisade, je crois sincèrement que, tout compte fait, les aménagements que nous avions conçus étaient plus conformes à notre tradition et aux besoins de la jeunesse du Québec que ceux d'aujourd'hui.

RL – *Vous dites que vous n'avez jamais refusé d'affirmer vos convictions religieuses. Comme vous êtes un homme de raison et de logique, j'aimerais savoir comment vous conciliez les exigences de la foi avec celles de la raison.*

CR – En matière religieuse, je suis un homme du vécu. J'ai été fortement influencé par John Henry Newman. Le raisonnement a certes sa place en matière religieuse mais l'expérience passe en premier lieu. Newman part de l'existence. Il observe le cœur humain dans tous ses replis, dans ses côtés lumineux et dans ses côtés plus sombres. C'est de là qu'il part pour discerner l'intervention de Dieu dans sa vie et dans l'histoire de l'humanité. En partant de la vie de tous les jours, on découvre Dieu à travers le prochain et dans le fond de soi-même. On apprend à agir au lieu de seulement parler. Il y a une règle que je me suis toujours efforcé de pratiquer. Il ne faut jamais tenir un discours différent de ce que l'on pratique concrètement. Newman soulignait souvent ce fait. Des gens sont soudainement pris de zèle pour la religion et se mettent à en parler à tout propos. Après un certain temps, vous découvrez que leur comportement n'est pas à la hauteur de leur discours. Ces gens font plus de tort que de bien. Il faut que chacun trouve un mode de témoignage accordé à ce qu'il est réellement. Cela suppose que pour témoigner efficacement, il faut chercher sans cesse à s'améliorer. Tout en mettant l'accent sur l'expérience, il faut aussi cependant procurer de solides assises intellectuelles à la foi. Cela ne peut se faire que par la fréquentation des maîtres et des grandes œuvres. Le catholicisme offre à cet égard des points de repère riches et abondants...

RL – *Puisque la religion est expérience humaine et quotidienne, pourquoi ne serions-nous pas capables de voir Dieu présent dans notre quotidien?*

CR – Il nous arrive à tous des succès et des échecs. Nous sommes portés à nous attribuer le mérite des succès et à reporter sur d'autres la responsabilité des échecs. Seuls le retour sur nos expériences et la réflexion peuvent nous aider à découvrir que l'action de Dieu est aussi présente dans nos vies. La règle d'or que nous enseigne l'Évangile est simple. Ton prochain, la personne qui est présente devant toi, c'est le Christ. Il est pratiquement impossible d'en être toujours conscient, car nous sommes enclins à nous laisser envelopper par le contexte concret dans lequel nous baignons. Mais l'amour de Dieu à travers la personne du prochain est la clé de tout pour la personne engagée dans l'action. Si cette conviction est ancrée en vous-mêmes, vous chercherez continuellement à discerner davantage le Christ à travers les personnes que la vie de tous les jours met sur votre route. Nous sommes tous portés par exemple, moi le premier, à agir parfois de manière arrogante ou indifférente avec autrui. Mais si nous sommes attentifs à l'appel de l'Évangile, nous ferons une plus grande place dans nos attitudes à la compréhension, à la douceur, à la tolérance, à l'accueil.

RL – *Êtes-vous pessimiste devant l'évolution de notre société? On entend souvent dire par exemple que les jeunes d'aujourd'hui ne veulent plus rien savoir de l'Église et de l'Évangile.*

CR – Une chose me frappe. Souvent, les jeunes que je rencontre sont foncièrement bons mais n'ont pas de racines religieuses et ont des notions plutôt flottantes sur le bien et le mal, sur la responsabilité et la liberté. Il semble qu'on leur ait surtout enseigné les aspects attrayants et agréables de la vie et qu'on ait négligé de les préparer aux défis exigeants qu'elle leur réserve. Nombreux sont les jeunes qui ne savent pas ce qu'est le *Credo*, ce qu'est la liturgie, etc. Les bouleversements des dernières décennies ont engendré un déracinement culturel par rapport à la religion, lequel devait fatalement être suivi d'un détachement par rapport à la religion institutionnelle et aux pratiques traditionnelles. On observe en retour chez les jeunes d'aujourd'hui des valeurs humaines très riches, par exemple une grande ouverture d'esprit, une volonté d'appendre, un goût du vrai, un attrait pour les valeurs d'égalité et de fraternité, qui n'attendent peut-être que la chance d'être pénétrées par l'esprit de l'Évangile. Ce que l'on a rejeté, c'est l'appareil religieux. Ce n'est pas nécessairement la foi. Celle-ci demeure très répandue même si c'est souvent de manière plutôt informe.

RL – *L'Évangile a-t-il encore une chance avec les jeunes?*

CR – Par-delà les apparences, l'horizon demeure ouvert. Une chose me réconforte. Newman écrit que les époques de chrétienté eurent leur grandeur mais aussi leurs faiblesses. Elles furent marquées, disait-il, par des succès extérieurs impressionnants mais elles engendrèrent aussi une grande mesure d'hypocrisie sociale. Les peuples et leurs chefs se proclamaient religieux mais ils ne l'étaient pas toujours en réalité. Tôt ou tard, dans de telles situations historiques, la marmite finit par sauter. Quand éclata la Réforme protestante au XVIᵉ siècle, il y avait beaucoup de relâchement, d'abus, voire de corruption, dans l'Église et, à plus forte raison, dans les régimes politiques qui se disaient chrétiens. C'est un peu, toutes proportions gardées, ce qui s'est produit chez nous. J'aime cette phrase lumineuse de Newman : « Le christianisme recommence à partir de zéro chaque fois qu'un être nouveau fait son entrée dans le monde. » Affaibli dès le départ par les suites de la faute originelle, cet être part de peu. Mais ce peu est porteur d'un potentiel illimité. De grandes choses pourront en sortir si la chance d'entendre la nouvelle du salut est donnée à cet être nouveau. C'est par le témoignage personnel des croyants que la Bonne Nouvelle se répandit à l'origine. De nombreux commentateurs pensent que la situation présente ressemble à bien des égards à celle que dut affronter l'Église à ses débuts.

RL – *Cela ne vous dérange pas que les églises soient vides?*

CR – Nuançons d'abord un peu. Les églises sont souvent vides. Mais si je m'en reporte à mon expérience comme député d'une circonscription semi-urbaine et semi-rurale, l'Église demeure encore, parmi les diverses formes d'association que nous connaissons, celle qui pendant une année regroupe le plus grand nombre de personnes, et cela par une bonne marge. La désaffection à l'endroit de la religion institutionnelle est réelle. Mais nous ne partons pas de rien. Il reste chez nous un vieux fond d'esprit chrétien qui n'est pas négligeable. Par ailleurs, la situation actuelle invite chaque chrétien à une plus grande humilité et surtout à la conversion intérieure. Les gens se rapprocheront de l'Église quand ils constateront que ceux qui s'identifient à elle, autant les clercs que les laïcs, vivent réellement leur foi et ont le souci agissant du prochain. Le chrétien doit éviter à mon avis de verser dans l'angoisse. Il doit faire un effort honnête pour être vrai, pour accorder sa vie et son discours à sa foi, sans provoquer inutilement la confrontation mais sans non plus craindre la critique. Il doit être prêt à défendre ses opinions avec fermeté si les circonstances le demandent mais il doit éviter d'accrocher le sort de la religion à telle victoire ou à tel échec particulier. L'incarnation de la religion dans la vie des peuples est un voyage au long cours. Les étapes de ce voyage se mesurent en siècles et non pas en années de calendrier.

RL - *Vous êtes serein?*

CR – Je crois l'être, même en politique où pourtant j'ai été mêlé à des affrontements très difficiles. J'ai lutté avec vigueur pour le triomphe de mes idées. J'ai eu des adversaires farouches. J'ai été trompé par des alliés. J'ai parfois été exagérément dur envers des personnes qui ne pensaient pas comme moi. Mais je pense avoir maintenant beaucoup moins d'ennemis qu'autrefois. Je compte de nombreux amis, non seulement dans le parti au sein duquel j'ai milité mais aussi au sein du Parti québécois et d'autres formations politiques.

RL – *À quoi cela tient-il?*

CR – Cela tient au respect. Il faut d'abord chercher sincèrement à respecter la personne qui ne pense pas comme vous. Tôt ou tard, elle vous le rendra. Cela fait partie de mes convictions que chaque chose faite consciencieusement produit du fruit même si ce n'est pas tout de suite ou sous la forme que l'on souhaiterait. Je disais souvent à mes collègues fédéralistes : « Au lieu de les vouer aux gémonies, essayons de comprendre pourquoi de nombreux Québécois sont souverainistes.» Quand je rencontrais des souverainistes, je leur disais en retour : « Essayez de comprendre pourquoi je suis fédéraliste et ensuite nous essayerons de nous comprendre et de mieux nous accepter mutuellement.» Cela prend du temps mais au bout de quinze ans, sans nécessairement avoir changé d'avis, on se comprend mieux et surtout on se respecte davantage. On est alors moins porté à allumer des incendies à tout propos. L'esprit de paix du christianisme peut jouer un grand rôle dans le développement de rapports politiques et sociaux plus civilisés.

RL – *Quelle place faites-vous à la prière?*

CR – À moins d'empêchement, je vais à la messe le matin. Je ne connais pas de meilleure façon de commencer la journée sur un bon pied. Quand je trouve le temps de le faire, je lis un texte spirituel, que je puise souvent, mais non pas exclusivement, dans les œuvres du cardinal Newman, qui sont pour moi une source inépuisable d'inspiration.

RL – *Vous parlez souvent de Newman. Il vous a beaucoup influencé?*

CR – Il a été mon guide depuis de nombreuses années. Je l'avais découvert au temps où je travaillais au sein de l'Action catholique.

RL – *C'est important d'avoir un tel guide?*

CR – C'est très important pour éviter de voguer dans toutes sortes de directions en même temps. Mais il faut avoir un guide vraiment adapté à ce qu'on est et à ce qu'on veut devenir spirituellement. Il n'est pas facile de trouver un tel guide. Newman répondait à ce que je pensais être. Il m'a aidé, je pense, à tendre vers ce que je souhaitais être. Il m'a donné l'exemple d'une rare harmonie entre la vie intellectuelle et la vie spirituelle.

RL – *Poursuivons sur votre démarche de prière.*

CR – Pendant la journée, je vaque à mes travaux et n'ai guère de temps pour la prière directe. Le soir, je m'arrête. Je prends vingt minutes ou une demi-heure pour la prière et le recueillement. Je récite habituellement le chapelet en y greffant des intentions qui ressortent de mes expériences de la journée. Ces intentions embrassent les membres de ma famille, les personnes avec lesquelles j'ai été en contact pendant la journée, les organismes avec lesquels je suis associé, les travaux que j'ai sur le métier, les besoins des milieux moins favorisés, la paix au pays et dans le monde, la vie de l'Église, les lieux où sévissent la pauvreté, la tyrannie et la guerre. Il m'arrive aussi de prier pour remercier Dieu de ses dons et le louer en toute simplicité.

RL – *Comment concilier prière et action?*

CR – Tout dépend en grande mesure de la situation dans laquelle on est placé. Quand j'étais en politique, les occasions de recueillement étaient rares. On ne passe pas sans transition d'un état d'extrême fébrilité à un état de recueillement. Souvent, je devais me contenter de lire chaque semaine un sermon de Newman et de participer à la messe dominicale. Je ne pouvais honnêtement faire davantage. Une fois rentré dans la vie privée, je me suis vite dit que je devais réorganiser ma vie de manière à ce que que les exercices spirituels y occupent une place mieux assurée.

RL – *Que dira le Père éternel en vous rencontrant?*

CR – Je ne sais pas. Je n'ose présumer de rien. Newman nous dit à ce sujet : nous avons, comme peuple de Dieu, la promesse du salut mais nul n'a reçu cette promesse en particulier. Même ceux qui s'efforcent de vivre conformément à l'enseignement du Christ ne sont pas sûrs qu'ils ne seront pas laissés de côté au jugement dernier.

RL – *Avez-vous peur de Dieu?*

CR – Pour être franc, non, de manière habituelle, car je crois qu'il est d'abord Amour. La crainte m'envahit cependant lorsque je prends conscience de certaines carences ou faiblesses qui reviennent souvent dans ma manière d'être ou d'agir. Je constate alors que j'ai encore un gros travail à faire et je me sens petit devant Dieu même si je crois que la miséricorde l'emporte chez lui sur la justice au sens strict du terme.

RL – *Vous parlez de l'Évangile comme d'une force puissante pour nous entraîner à l'action. L'Évangile peut-il aussi donner des balises à notre vie?*

CR – Oui, à condition que nous n'en retenions pas uniquement les passages qui font mieux notre affaire. Je connais des personnes qui se disent très attachées à l'Évangile mais qui n'en récitent que les passages qui les confirment dans des manières de voir parfois étrangères au véritable esprit du christianisme. Il faut prendre l'Évangile comme un tout, le lire et l'accepter avec docilité, dans sa totalité. Il y a toutefois dans l'Évangile de nombreux passages qui demandent à être interprétés avec prudence parce que, pris à la lettre, ils peuvent sembler contradictoires par rapport à d'autres textes qui sont également dans la Bible. C'est ici qu'entre en jeu le rôle de l'Église. Elle a été instituée pour garder intact le dépôt de la foi et le transmettre à chaque nation et à chaque génération suivant les accents pouvant convenir à chacune. De ce point de vue, la séparation qui s'est instituée chez nous entre l'Église-institution et la population est un drame spirituel.

RL – *Vous êtes un homme d'intégrité, un homme d'authenticité, un homme d'espérance.*

CR – Il ne m'appartient pas de me juger moi-même sous l'angle de l'intégrité et de l'authenticité. Je crois cependant être un homme d'espérance. J'espère en effet que la perplexité dans laquelle nous sommes se transformera en clarté joyeuse lorsque le Christ reviendra sur la terre comme il l'a promis afin de séparer l'ivraie du bon grain et d'introduire de manière définitive ceux et celles qu'il aura choisis dans son Royaume d'amour et de paix. J'essaie de faire ma modeste part pour que le Christ, quand il reviendra, trouve beaucoup de foi et de bonté parmi les hommes.

I
Mon engagement de chrétien

La mission du laïc chrétien
Réflexion à partir d'une expérience[1]

Au plan professionnel, j'entrai dans la vie en 1944 sans avoir un plan précis de carrière. J'avais songé à devenir un moine bénédictin mais un bref séjour à Saint-Benoit-du-Lac m'avait vite convaincu que ni la vie contemplative ni l'état clérical n'étaient ma vocation. Deux domaines m'attiraient : le droit et les études sociales. Comme je voulais réformer la société et comme les études sociales coûtaient moins cher, je m'orientai de ce côté. À l'École de service social où j'étais inscrit, l'étudiant, en plus de suivre des cours, devait effectuer des stages pratiques dans des œuvres ou agences à caractère social ou communautaire. Après un stage d'une année dans une agence de service social familial, je fus invité à faire un stage dans les mouvements d'Action catholique. J'y demeurai pendant dix-sept ans, à titre de secrétaire de l'Action catholique canadienne. Ce travail me permit d'étudier l'histoire, les enseignements et le fonctionnement concret de l'Église. Le milieu de l'Action catholique fut en outre pour ceux qui l'ont connu une école exceptionnelle de développement du sens de la responsabilité laïque. Pendant dix-sept ans, je renouvelai d'année en année mon engagement à servir dans ce secteur. J'évitais cependant de m'engager pour plus d'un an à la fois car le milieu de l'Action catholique était trop instable pour être en mesure d'offrir des postes permanents à ses dirigeants. Je

---

[1] Communication présentée devant un groupe de retraitants réunis à la Maison de ressourcement des Pères trinitaires de Granby, le 2 avril 1999.

tenais en outre à conserver ma liberté car j'avais l'intuition que je serais tôt ou tard appelé à jouer un rôle dans le domaine proprement temporel.

L'appel à un engagement temporel me vint sans que je l'aie sollicité. Un jour, le directeur du *Devoir*, Gérard Filion, m'invita à me joindre au journal à titre d'éditorialiste. J'avais déjà donné au *Devoir* quelques articles à l'occasion d'événements à caractère religieux. Le directeur du *Devoir* avait conclu que nous pourrions faire bon ménage. Sans me confiner au secteur religieux, Gérard Filion me fit valoir qu'il souhaitait que la dimension spirituelle des événements soit traitée avec plus de régularité dans les pages du journal. Après avoir consulté de nombreuses personnes, j'entrai au service du *Devoir* en juin 1962 et devins le directeur du journal en mai 1964. Je demeurai au service du *Devoir* jusqu'au début de 1978. Je fus ainsi plongé pendant seize ans, à titre de journaliste, en plein cœur de l'actualité.

Après quinze années à la direction du *Devoir*, Gérard Filion avait senti le besoin d'un nouveau défi. Il me dit un jour qu'il entendait cesser d'écrire des éditoriaux avant de commencer à se répéter. La même expérience m'attendait. Ayant été l'objet de représentations insistantes à ce sujet, je décidais en 1978, au terme d'une réflexion longue et difficile, de quitter *Le Devoir* afin de briguer la direction du Parti libéral du Québec. Cette décision survint alors que j'avais commencé à me demander si, en demeurant trop longtemps au *Devoir*, je ne risquais pas de faire peser trop lourdement sur ses destinées le poids de ma marque personnelle. Devenu chef du Parti libéral en 1978, je démissionnai de ce poste en 1982 mais continuai de jouer un rôle actif sur la scène politique jusqu'en 1994. Cette période de ma vie fut marquée par de grands succès mais aussi par d'importants échecs. Depuis 1994, je vis une retraite passablement active. Je dois fréquemment répondre à des sollicitations de toute sorte. Les engagements que je dois tenir m'ont empêché jusqu'à ce jour d'entreprendre des travaux de longue haleine que certains auraient souhaité me voir entreprendre.

Au plan familial, j'eus la grâce d'avoir une épouse qui fut un modèle d'engagement humain, social et religieux. Nous nous étions connus dans les mouvements d'Action catholique et nous partagions les mêmes vues sur tous les sujets d'importance. Nous eûmes cinq enfants; chacun a reçu une formation universitaire et est engagé dans une vie familiale et professionnelle active. Grâce à l'esprit d'ouverture sur le monde extérieur qui imprégnait le foyer familial, je pus me livrer à mon activité professionnelle et à d'autres engagements avec une grande liberté. Nous percevions ces engagements comme un prolongement normal de notre expérience antérieure. Tout en ayant aussi ses propres engagements, ma femme m'épaula admirablement dans mes engagements publics. La maladie ravit malheureusement ma femme à notre affection en 1985. Celle-ci est demeurée pour nous une présence très vivante et une source d'unité.

Au plan religieux, je suis né catholique et, sans mérite particulier de ma part, le suis toujours demeuré. Je ne suis enclin ni aux élans mystiques ni aux grands revirements spectaculaires. Je ne suis pas spécialement emballé par les côtés merveilleux de la religion. Ayant connu de l'intérieur « la cuisine du bon Dieu », je ne nourris aucune illusion quant au caractère humain de l'institution ecclésiale et aux faiblesses de ceux qui l'incarnent. Je suis cependant heureux d'appartenir à l'Église catholique et je n'ai jamais fait mystère de mon appartenance religieuse. J'aime la dimension historique et concrète du christianisme. Le christianisme n'est pas une fable. Il est le récit d'événements qui se sont effectivement produits dans l'histoire. Il n'est pas un récit à l'eau de rose. Il nous rappelle au contraire une expérience concrète, l'expérience à la fois la plus exigeante et la plus exaltante qui ait jamais été vécue, celle de l'Incarnation, de la Passion et de la Résurrection du Fils de Dieu fait homme. Le christianisme n'est pas davantage un récit désincarné et impersonnel. Il est centré sur une personne vivante, Jésus Christ, et rejoint chacun de nous dans ce que nous avons de plus personnel et de plus intime. Bien plus qu'une simple doctrine qui s'adresserait uniquement à l'intelligence, il est une expérience de vie qui a son centre dans le cœur et dont mot-clé est l'amour. Enfin, le christianisme n'est pas une religion qui s'improvise de génération en génération. Il est au contraire une histoire continue qui va du

Christ jusqu'à l'Église d'aujourd'hui. Grâce à l'Église, nous avons la certitude que le message chrétien n'a pas changé depuis les débuts et que le Christ est toujours présent parmi nous. Le Notre Père que nous récitons tous les jours remonte directement à l'Évangile. Le *Credo* auquel nous adhérons remonte aux premiers siècles du christianisme. L'eucharistie que nous célébrons avec l'Église fut instituée par le Christ lui-même la veille de la Passion. L'Évangile est en outre une source d'inspiration toujours actuelle pour le respect des droits humains, la recherche de la justice, le service du prochain et la recherche de la paix.

De la longue expérience qu'il m'a été donné de vivre, je voudrais dégager quelques observations qui me semblent apporter un éclairage utile sur la manière dont Dieu, souvent à notre insu, est présent dans nos vies et aussi sur la manière dont il veut que nous le servions là où nous sommes.

Rien ne nous serait plus agréable que de pouvoir connaître de manière nette et immédiate la volonté de Dieu sur nos vies. Mais cette volonté se manifeste rarement à nous de manière directe et explicite. Elle nous est indiquée le plus souvent à travers les circonstances dans lesquelles nous sommes appelés à prendre nos décisions. Dans mon cas personnel, le choix de l'état de vie, la rencontre avec l'épouse, le choix des trois orientations majeures que j'ai empruntées au plan professionnel, furent arrêtés dans des circonstances qui étaient porteuses d'indications très claires quant à ce que je devais faire. Parmi ces circonstances, il y avait les éléments personnels tels l'âge, les études, les goûts et les aptitudes, les expériences antérieures. Il y avait le milieu dans lequel je vivais, entre autres les parents, les collègues de travail, les amis, les personnes avec lesquelles mon travail me mettait en contact et enfin les personnes qui, sans que je les connaisse, me transmettaient souvent leurs impressions et leurs commentaires au sujet de mon travail et de mon orientation. Il y avait à un niveau plus large la situation et les besoins de la société, les attentes et tendances de l'opinion publique, les événements de toute sorte qui survenaient au jour le jour et qui contribuaient, à travers nos échanges quotidiens, à façonner, le plus souvent à notre insu, nos attitudes et nos projets d'avenir.

Si j'ajoute à cela le riche éclairage que m'apportèrent, à la veille des grandes décisions, la consultation de personnes de bon jugement ainsi que l'étude et la prière, il m'apparut possible d'en arriver, à chaque tournant décisif, à des choix qui avaient de bonnes chances d'être conformes à ce que Dieu attendait de moi. Telle a été en tout cas la manière dont j'en suis venu dans ma propre vie aux décisions importantes que je devais prendre. Je n'ai jamais regretté ces décisions. Une fois qu'elles furent prises, je n'ai jamais regardé en arrière. Je n'ai jamais eu de plan de carrière. Je n'ai jamais veillé à protéger trop soigneusement mes arrières. Mais chaque fois que j'eus une décision majeure à prendre, j'eus l'impression que les circonstances indiquant la meilleure décision possible avaient été réunies par une influence que j'osai un jour appeler « la main de Dieu ». Le choix de cette dernière expression n'était pas des plus heureux pour une personne engagée dans la politique. Aussi donna-t-il lieu à de nombreux commentaires ironiques. Sans jamais faire à ce propos une rétractation contraire à mes convictions, je renonçai à utiliser de nouveau ces mots car certains en avaient conclu que je me prenais pour un illuminé, ce qui me paraissait tout à fait contraire à ma nature raisonneuse et critique. J'ai toujours néanmoins trouvé le moyen d'exprimer en des termes moins provocants ma croyance profonde voulant que Dieu nous accompagne à travers les événements de notre vie et qu'il nous incombe de chercher à discerner sa volonté à travers les divers éléments qu'il place sur notre route.

En plus de nous parler par les circonstances, Dieu place dans nos vies des êtres possédant les qualités requises pour exercer une influence bienfaisante sur notre orientation. Parmi le grand nombre de personnes qu'il nous est donné de rencontrer soit directement, soit à travers leurs œuvres, soit à travers des récits entendus à leur sujet, certaines sont davantage destinées à laisser une forte empreinte sur nos personnes respectives. À travers les trois carrières que j'ai connues, nombreuses sont les personnes qui m'ont influencé soit par leur exemple, soit par leurs propos, soit par leurs œuvres. J'estime avoir été particulièrement choyé à ce sujet par mon expérience au sein de l'Action catholique.

L'Action catholique nous mettait en contact avec ce qu'il y avait de plus dynamique dans le clergé, les communautés religieuses et la génération montante. Elle nous familiarisait avec les meilleures œuvres de la littérature religieuse et les nouvelles expériences de travail apostolique. Nous avons pu vivre avant la lettre grâce à l'Action catholique bon nombre des changements d'attitude survenus dans l'Église à la suite du concile Vatican II. Je puis également dire sans exagération que nous avions vu venir avec une prescience assez pointue bon nombre des mutations dont nous avons été témoins au Québec depuis 1960. Je tiens de cette époque l'attachement que j'ai toujours eu pour des écrivains religieux tels Newman, Congar, de Lubac, Rahner et autres, qui ont eu une influence profonde sur moi.

Je dois ajouter en toute justice que j'ai également été fortement marqué par mon passage dans le journalisme et la politique. J'ai aimé ces expériences au point d'être à peu près complètement absorbé par chacune tout le temps qu'elles durèrent. J'ai particulièrement goûté la chance que le journalisme me donnait de croiser régulièrement le fer avec des personnes qui avaient des idées différentes des miennes. La politique, pour sa part, m'a notamment enseigné que, s'il est facile de mettre une idée de l'avant dans un article de journal, il est infiniment plus difficile de la traduire dans un texte de loi qui fera justice à tous les points de vue en présence. Même s'il est plus difficile de vivre dans le journalisme et la politique une expérience de fraternité spirituelle comme celle que favorisait l'Action catholique, ces milieux présentent des défis très stimulants pour celui qui veut y vivre sa foi.

Un trait fondamental de la spiritualité de Newman, c'est que nous devons en toute chose chercher à connaître et à faire la volonté de Dieu. L'Action catholique nous enseignait à ce sujet que c'est à travers l'engagement dans des tâches humaines très concrètes, et non pas dans la prédication ou dans le retrait du monde, que les laïcs doivent chercher à faire la volonté de Dieu. « Tout ce qui compose l'ordre temporel : les biens de la vie et de la famille, la culture, les réalités économiques, les métiers et les professions, les institutions de la communauté politique, les re-

lations internationales, et les autres réalités du même genre »,
voilà autant de domaines qui, selon l'enseignement de Vatican II,
relèvent en propre des laïcs et dans lesquels les laïcs doivent
« assumer leurs responsabilités propres » et « agir par eux-mêmes d'une manière bien déterminée[2] ». Trois motifs nous invitent à considérer les réalités de l'ordre temporel comme un champ
d'engagement tout à fait prioritaire pour les laïcs. En premier
lieu, c'est dans les milieux de vie temporelle que les laïcs passent
le plus clair de leur temps. En second lieu, c'est dans les milieux
profanes que l'on observe un divorce entre la religion et le comportement quotidien qui est à compter, selon le jugement de
Vatican II, « parmi les plus graves erreurs de notre temps[3] ». En
troisième lieu, la participation à l'édification et au renouvellement de l'ordre temporel est une tâche très noble puisqu'elle fait
du laïc un collaborateur de Dieu en l'associant directement au
prolongement de la création.

Il ne suffit pas cependant de proclamer que les laïcs doivent
se préoccuper en propre du renouvellement de l'ordre temporel.
Cette préoccupation doit s'exercer à l'intérieur de règles
exigeantes dont la première de toutes est le respect des lois
propres à chaque secteur de l'activité humaine. Si un laïc est
magistrat ou journaliste, sa première tâche n'est pas d'utiliser la
tribune que lui offre sa profession pour se faire prédicateur de
religion ou de morale, mais d'être d'abord un excellent magistrat
ou un excellent journaliste au plan technique et professionnel.
Obéir aux lois et exigences de chaque secteur d'engagement.
Rechercher dans toute forme d'engagement l'excellence. Imposer
le respect par l'exemple d'une compétence, d'une efficacité et
d'une intégrité à toute épreuve. Voilà la manière première dont
le laïc est appelé à rendre gloire à Dieu à travers les activités qui
lui sont propres. À cette première exigence s'en ajoute une
seconde. Tout en recherchant l'excellence personnelle dans son
secteur d'engagement, le laïc doit éviter de s'enfermer dans une

---

[2]   Vatican II, « Décret sur L'apostolat des laïcs », dans *Les seize documents conciliaires*, Montréal, Fides, 1966, p. 403.

[3]   Vatican II, « Constitution pastorale sur L'Église dans le monde de ce temps », dans *Les seize documents conciliaires, op. cit.*, p. 214.

logique exclusivement centrée sur le succès individuel. Il doit aussi être ouvert aux besoins de la société plus large. Dans toute la mesure où ses autres obligations le lui permettent et sans toutefois les rechercher par ambition, il doit, si on a besoin de lui, être disposé à assumer des responsabilités d'ordre social au sein de la société. Ces responsabilités pourront s'exercer à l'échelle du voisinage, du métier et de la profession, des activités de loisir, du milieu associatif, etc. Elles pourront inclure dans certains cas le consentement à jouer un rôle actif sur le plan politique. Le pape Jean-Paul II a souligné à maintes reprises depuis vingt ans la grande importance qu'il attache à l'engagement politique des laïcs chrétiens.

Quel que soit le niveau de responsabilité où il œuvre, le laïc chrétien doit se distinguer par deux caractéristiques qui découlent directement de la vision chrétienne du monde. Il doit d'abord être au service de la justice. Il doit sincèrement rechercher une distribution plus juste de la richesse, des chances et du pouvoir au sein de la société et inclure dans sa vision des horizons qui dépassent les frontières de sa carrière, de son milieu immédiat et de son pays. Il doit aussi conserver en tout temps une préoccupation spéciale pour les pauvres et les démunis car le souci des pauvres et des faibles, sans être exclusif, doit toujours être l'objet d'une sollicitude préférentielle de la part de ceux qui se réclament de Jésus Christ. Ces soucis se traduiront inévitablement, au plan des moyens, par des différences d'opinion qui donneront lieu à des options politiques différentes, voire opposées. L'essentiel, ce n'est pas ici que tous pensent de la même manière. Sauf certains cas exceptionnels dont la gravité requiert que tous les citoyens donnent leur appui aux décisions de l'autorité politique, il est hautement souhaitable, pour le juste équilibre des forces, qu'il existe au sein de la société une saine diversité des opinions en matière économique, sociale et politique. Au lieu de rêver d'une indésirable unanimité, il faut plutôt souhaiter que chacun, après s'être honnêtement éclairé, agisse en toute liberté en suivant les indications de sa conscience. Quand on est chrétien, on doit aussi se souvenir que, suivant l'enseignement de Vatican II, « personne n'a le droit de revendiquer d'une manière exclusive pour son opinion l'autorité de l'Église[4] » et que le respect de ceux qui pensent autrement que soi est aussi en conséquence une règle très importante.

Jean-Paul II rappelait récemment que l'amour de Dieu et l'amour du prochain sont les deux volets indissociables de l'enseignement du Christ. En pratique, pour le laïc, l'amour de Dieu s'exprimera le plus habituellement à travers le service du prochain. Le Christ nous demeure invisible même s'il peut être très présent dans nos vies. Mais il se manifeste constamment à nous à travers le prochain que nous côtoyons tous les jours. Apprendre à voir et à servir Dieu à travers les personnes concrètes avec lesquelles notre profession et nos divers engagements nous mettent en contact tous les jours. Apprendre à transiger avec elles comme si nous traitions avec le Christ lui-même, voilà comment nous sommes invités à incarner l'idéal chrétien dans nos vies. Cet idéal est tellement élevé qu'il nous fait peur au premier regard et que nous nous en sentirons toujours indignes. Il définit néanmoins d'une manière éminemment concrète et simple ce à quoi nous sommes appelés. Nous savons en outre par l'Écriture que nous sommes capables d'y tendre avec la grâce de Dieu.

L'exemple vécu est ainsi la forme normale et habituelle du témoignage attendu du laïc chrétien. C'est par cette voie qu'il peut le mieux gagner la confiance et le respect des personnes qui l'entourent à l'endroit des valeurs dont il s'inspire. C'est aussi en procédant de cette façon qu'il pourra le mieux préparer le terrain en vue d'explications plus directes sur sa foi. Le laïc doit faire montre à cet égard d'une saine réserve. Il doit éviter les débats purement polémiques, le moralisme facile et les discussions vaines. Mais cela ne veut pas dire qu'il doive toujours se taire. Il doit au contraire être capable d'intervenir avec pertinence dans tout débat où sont mises en jeu des valeurs reliées à la foi religieuse ou à la vie morale.

Au temps où tout le monde était chrétien, les discussions sur les fondements de la foi religieuse ou sur des sujets comme la

---

4   *Ibid.*, p. 215.

stabilité de l'union conjugale, l'avortement, le divorce, l'euthanasie, la censure étaient plutôt rares. Aujourd'hui, ces sujets sont constamment soulevés dans les médias et les milieux de vie. Maints sujets nouveaux ayant des incidences morales et spirituelles certaines, tels les droits humains, les rapports entre droits individuels et collectifs, les rapports entre la libre entreprise et la collectivité, sont aussi, désormais, à l'ordre du jour. Trop souvent, les voix chrétiennes se font rares lorsque de tels débats surgissent. Et quand elles interviennent, elles sont loin d'être toujours à la hauteur de la tâche. Il incombe aux laïcs d'intervenir dans ces débats qui se font de plus en plus fréquents sur la place publique. On est cependant justifié d'attendre d'eux qu'ils interviennent avec sérieux et compétence. Mais pour cela, il faudra que leur culture religieuse et morale s'approfondisse et s'élargisse. Il faudra qu'ils soient plus nombreux à lire sur ces sujets et que la chance leur soit donnée de se préparer à en discuter publiquement. « Vous ne devez pas, disait naguère Newman aux laïcs catholiques d'Angleterre, cacher votre talent dans une serviette ou enfouir votre lumière sous un boisseau. Je veux des laïcs qui ne soient ni arrogants ni violents dans leur langage, ni querelleurs, mais qui connaissent leur religion, qui s'en pénètrent, qui sachent à quoi s'en tenir, qui connaissent ce qu'ils doivent défendre et ce qu'ils ne peuvent défendre, qui connaissent si bien leur foi qu'ils soient capables d'en rendre compte et qui maîtrisent assez bien les grandes lignes de l'histoire de l'Église pour pouvoir la défendre au besoin[5]. » À une époque où l'on tend de plus en plus à reléguer la religion dans la sphère de la vie privée et à considérer les interventions des chefs religieux comme de simples opinions parmi les autres, où l'on tend aussi à aborder sans la moindre réserve les sujets les plus délicats, il importe de plus en plus que des voix laïques porteuses de convictions religieuses et de valeurs morales solides se fassent entendre. Le temps où l'on pouvait s'en remettre à peu près entièrement aux chefs religieux et au clergé pour s'acquitter de ce rôle est révolu. Si les laïcs ne parlent pas, personne ne le fera dans un

---

[5]   J. H. NEWMAN, *The Present Position of Catholics in England*, New York, The America Press, 1942, p. 300.

grand nombre de situations. S'ils parlent à tort et à travers, ils risqueront de causer plus de mal que de bien.

Toujours en m'appuyant sur mon expérience personnelle, je crois être en mesure d'affirmer, après d'innombrables auteurs spirituels, que la prière et le recueillement sont absolument indispensables pour la personne engagée dans les tâches temporelles. Au temps où je militais dans l'Action catholique, deux courants d'opinion avaient cours au sujet des rapports entre la contemplation et l'action. Certains soutenaient que l'action comptait d'abord et avant tout, que la formation spirituelle devait s'acquérir dans l'action et qu'à la rigueur, l'action pouvait tenir lieu de la contemplation. D'autres, au contraire, affirmaient que l'action devait prendre sa source dans la prière et la méditation. Encore aujourd'hui, je serais embarrassé si l'on m'invitait à dire laquelle, de la prière et de l'action, doit venir en premier lieu. Je connais trop, en particulier, l'importance et souvent l'urgence du service rendu à autrui pour conclure que la prière doit toujours venir en premier lieu. Avec le recul de l'expérience, de manière habituelle, je crois devoir constater que la prière et l'approfondissement spirituel ne peuvent pas sourdre automatiquement de l'action. La personne profondément engagée dans l'action tend plutôt, si elle est laissée à elle-même, à s'y enfoncer davantage et à trouver de moins en moins de temps et d'intérêt pour la prière et la méditation. Or, ces deux formes d'exercices sont comme les deux poumons de toute vie spirituelle. Sans elles, la vie spirituelle et la ferveur religieuse s'affadissent. Il s'ensuit inexorablement un émoussement graduel du sens religieux, c'est-à-dire de la disposition à voir Dieu et à le servir dans les milieux où l'on vit. J'en ai fait l'expérience à maintes reprises dans ma propre vie. Lorsque j'ai dû à certaines périodes négliger la prière et la fréquentation des auteurs religieux en raison de devoirs absorbants qui requéraient, pensais-je à tort, tout mon temps, j'ai souvent connu des moments de sécheresse, d'indifférence ou de pessimisme. Chaque fois qu'au milieu de tels moments, je suis revenu à une respiration spirituelle plus régulière, j'ai retrouvé le souffle qui semblait devoir me faire défaut. Je dois ajouter que l'âge de la retraite se prête particulièrement bien à des exercices de rattrapage en ce domaine.

Le moins qu'on puisse attendre du laïc à cet égard est la participation à la prière de l'Église par l'assistance à la messe dominicale. Mais cette participation est insuffisante pour alimenter un engagement qui veut aller au-delà du strict minimum. J'affirme ceci avec hésitation car je sais d'expérience combien peut être absorbant l'engagement temporel et combien peu de temps il laisse le plus souvent pour des activités spirituelles gratuites. Mais il faut davantage à mon sens que la seule participation à la messe dominicale pour rester vivant au plan spirituel tout en étant engagé dans les tâches temporelles. Il faut des temps additionnels de vie intérieure dont le contenu et la forme doivent relever du choix de chacun. Il faut aussi une certaine pratique de la méditation et de la lecture spirituelle, le tout alimenté à des sources adaptées à la situation et à la mission propres du laïc.

Ce que nous venons de voir me paraît ressortir de l'expérience. Il est cependant une autre note que je crois devoir retenir de l'expérience qu'il m'a été donné de vivre. Le laïc seul peut très difficilement réussir à assumer le rôle qui lui revient en propre. Il a besoin de se sentir épaulé et soutenu. Il a besoin de pouvoir se retrouver avec d'autres personnes, laïcs et prêtres, qui souhaiteront partager avec lui leurs propres expériences. Or, ces terrains de rencontre sont plutôt rares dans l'Église d'aujourd'hui. On réussit encore à regrouper des laïcs chrétiens autour d'objectifs tels événements communautaires, cueillettes de fonds, activités bienfaisantes, activités récréatives, compétitions sportives, soirées culturelles. Mais rares sont à ma connaissance les lieux où des laïcs sont invités à se rencontrer de manière suivie autour de sujets reliés à leur mission propre. Si cette constatation était fondée, il faudrait reconnaître l'existence, entre le discours officiel de l'Église qui souligne la vocation propre des laïcs, et sa pratique de tous les jours, d'un très sérieux décalage.

Je voudrais enfin ajouter quelques notes sur la participation du laïc à la vie de l'Église. Sans préjudice aux responsabilités propres du laïc dans son milieu de vie, cette participation est aujourd'hui nécessaire pour au moins trois raisons principales.

Tout d'abord, l'Église ne peut plus compter sur des ressources humaines et financières aussi abondantes qu'autrefois. Il est de plus en plus nécessaire en conséquence que les laïcs se sentent de plus en plus responsables de la bonne santé de l'Église au niveau local et diocésain, voire aussi à l'échelle de la planète. De plus en plus nombreuses, à titre d'exemple, seront les paroisses qui ne pourront plus fonctionner dans l'avenir à moins de pouvoir compter sur une participation plus engagée de leurs membres laïques, de manière que diverses responsabilités naguère assumées par des clercs ou des religieux soient prises en charge par des laïcs. De plus en plus nombreuses, par exemple, sont les paroisses qui éprouvent des difficultés sérieuses au plan financier. En second lieu, dans un monde qui se démocratise de plus en plus, l'Église ne peut plus se contenter de se présenter comme une institution hiérarchique et de fonctionner dans un climat de discrétion excessive qui apparaît incompatible avec l'esprit d'aujourd'hui. Sans préjudice à ce qui dans sa structure est immuable, elle doit ouvrir ses portes à une participation de plus en plus large de ses membres non seulement au plan des tâches matérielles mais aussi au plan des orientations pastorales. Elle doit aussi donner l'exemple d'une grande transparence dans ses décisions et sa gestion et veiller à ce que ses processus de décision soient au-dessus de tout reproche en ce qui touche le respect des personnes. En ce qui concerne l'approche générale de l'Église aux problèmes sociaux, économiques, culturels et politiques, les laïcs sont en droit d'exiger que les chefs religieux fassent une part plus large à la libre discussion et à l'implication des laïcs. Enfin, l'Église, demain comme hier, devra d'abord s'édifier à partir d'un lieu qui relève au premier chef de la responsabilité des laïcs, c'est-à-dire la famille. Celle-ci est la première cellule ecclésiale. Elle est le premier lieu de transmission de la foi. La responsabilité qui en découle pour les parents sera de plus en plus irremplaçable à mesure qu'il sera moins possible de compter sur l'école pour suppléer à cet égard aux carences des parents.

Je voudrais terminer cette réflexion en attirant votre attention sur un aspect de notre condition qui a un lien direct avec l'événement central de la Croix. Nos vies sont faites de succès mais aussi d'échecs. Nous recherchons le bien mais, tous, nous sommes aussi habités par des penchants prononcés pour le mal. Nous connaissons des moments de grande exaltation mais tous, nous devons aussi vivre des heures pénibles en particulier lorsque nous sommes atteints par l'échec, l'incompréhension, l'injustice, la pauvreté, la maladie ou la mort. Nul ne peut expliquer de manière parfaitement satisfaisante pourquoi Dieu a permis que le mal soit présent dans le monde. Cette question est demeurée sans réponse dans l'Écriture, notait Newman, et elle continuera de hanter l'esprit humain jusqu'à la fin des temps. L'Écriture nous dit cependant d'où est venu le mal et comment il a fait son apparition dans le paysage humain. Elle nous révèle aussi comment Dieu a voulu vaincre le mal par le mystère de l'Incarnation et de la Passion de son Fils. Le mystère de la Croix, souligne Newman, est le cœur de la religion chrétienne. La Croix nous enseigne qu'à l'exemple du Maître, nous devons passer par l'épreuve et que tout ce qui nous arrive à cet égard peut être une participation, si modeste soit-elle, au don qu'il a fait de lui-même pour le salut de l'humanité.

Le mystère de la Croix renferme aussi des leçons précieuses sur la manière dont nous devons accueillir l'épreuve lorsqu'elle nous frappe. Lorsqu'elle nous atteint, l'épreuve nous apparaît souvent imméritée, injuste et arbitraire. Vue dans une perspective spirituelle, elle peut, sans pour autant être synonyme de résignation pure et simple, devenir source de dépassement et d'accomplissement. Dans certains cas, elle nous aide à mieux nous connaître et nous ramène à une saine humilité. Dans d'autres cas, elle nous appelle à une acceptation plus lucide de notre condition imparfaite et mortelle. Le message chrétien nous apprend en outre que la Croix, tout en étant un passage obligé, sera suivie, pour ceux qui en auront été jugés dignes, de la Résurrection. Ceci explique que le christianisme, tout en étant fondé sur la foi et la charité, est aussi une religion d'espérance. Il repose sur la certitude que, dans le sillage de Pâques, à l'exemple du Christ, nous ressusciterons un jour.

Vocation chrétienne et engagement dans le monde[1]

J e voudrais me demander avec vous ce que peut signifier aujourd'hui le fait d'être un chrétien appelé à vivre sa foi dans le monde. Je le ferai à partir de ma propre expérience, laquelle fut profondément marquée d'abord par les dix-sept années qu'il me fut donné de vivre au sein de l'Action catholique entre 1945 et 1962, puis par mon implication active dans les changements profonds qu'a connus la société québécoise depuis 1960. Je le ferai aussi en m'inspirant de John Henry Newman, dont l'œuvre très riche, même si elle remonte au siècle dernier, abonde en aperçus toujours actuels sur le mystère de la vocation et plus particulièrement sur la vocation du laïc chrétien dans le monde.

* * *

Nonobstant l'impact que d'anciens militants ont pu exercer sur l'évolution des mentalités et des institutions, les mouvements d'Action catholique ne furent pas d'abord des mouvements de transformation sociale, culturelle ou politique. L'expérience qu'y vécurent des milliers de personnes a sans doute eu des répercussions importantes sur leurs engagements ultérieurs dans des secteurs profanes d'activité. Mais fondamentalement, l'Action catholique offrait aux personnes qui s'y engagèrent dans les

---

[1]   Allocution prononcée lors de la 7e rencontre annuelle du groupe des Chefs de file tenue à la Maison Trestler les 1er et 2 octobre 1999.

décennies qui suivirent la Deuxième Guerre mondiale une expérience spirituelle dont je résumerais ainsi les principaux traits :

a) nous apprenions à *prendre le christianisme au sérieux*, à le découvrir comme une réalité vivante et proche au cœur de laquelle se trouvait la personne de Jésus Christ. Nous découvrions que le christianisme était d'abord une expérience merveilleuse dont le noyau central était l'amour de Dieu et du prochain;

b) nous apprenions à *vivre le christianisme en Église, c'est-à-dire dans l'Église, avec l'Église et pour l'Église*. L'Église était plus visiblement la hiérarchie, les prêtres et les religieux, avec lesquels nous a-vions des rapports d'étroite collaboration. Mais elle comprenait aussi à un titre éminent les laïcs baptisés. À ceux-ci nous étions heureux d'ajouter en conformité avec l'enseignement tradition-nel de l'Église tous les êtres de bonne volonté qui, sans avoir été initiés à la vie de l'Église, sont en attente sincère de Dieu et peu-vent être plus proches de lui que nous qui nous réclamons de son nom;

c) nous découvrions au contact de l'Évangile et à travers l'engagement au service du prochain que l'appel à la sainteté s'adressait non seulement aux prêtres et aux religieux mais aussi aux personnes appelées à faire leur vie dans le monde. Comme nous nous sentions pour la plupart appelés à *vivre notre christianisme dans le monde*, tout était conçu en fonction de cette vocation. Dans cette optique, le développement et la réussite individuels étaient certes considérés comme nécessaires. Mais nous attachions aussi beaucoup d'importance à la dimension sociale de l'engagement;

d) à l'endroit des choses du monde, nous avions enfin *une approche résolument optimiste*. Nous étions enclins à accorder une grande *confiance à tout ce qui était de l'ordre de la nature*. Celle-ci, venant de Dieu, ne pouvait à nos yeux qu'être bonne en soi. Nous transposions volontiers dans les projets que nous formions pour nos vies respectives cet optimisme avec lequel nous percevions les réalités de l'ordre naturel. Aussi est-ce avec ferveur et dynamisme que nous prîmes la route de l'engagement dans le monde temporel.

Quelques décennies plus tard, on est fondé de se demander ce qu'a produit ce type d'engagement que nous mettions de l'avant. Nous étions entrés dans la vie avec l'idée de bâtir une société nouvelle inspirée de l'esprit chrétien. Quand je jette un regard sur les quarante dernières années, force est de reconnaître que les résultats ont été très différents de ceux que nous anticipions alors.

En 1950, le Québec était, du moins extérieurement, une société encore profondément imprégnée de l'influence du christianisme. Des fissures dont nous étions fort conscients se manifestaient alors. Mais nous pensions qu'il suffirait de procéder à un certain nombre de réformes pour que l'essentiel demeure. Dans ce contexte, l'idée de renouveler cette société en lui insufflant un esprit chrétien rajeuni avait du sens. Aussi nous en fîmes le projet de notre vie. Les choses ont cependant changé plus vite et plus radicalement que nous ne pouvions le prévoir. En l'espace d'une génération, le Québec est en effet devenu une société hautement sécularisée. De dominante qu'elle était alors, la place de la religion dans les institutions sociales et la culture collective est devenue plutôt marginale. Si bien qu'il est pratiquement impossible, aujourd'hui, de rejoindre l'ensemble de la population, surtout celle qui est plus jeune, en lui tenant un langage explicitement chrétien. Qu'il s'agisse de la famille, des écoles, des cégeps, des universités, des médias, des entreprises, des associations de travailleurs, de la création artistique, de la vie politique, de la vie intellectuelle, des mœurs et des habitudes de vie, des changements majeurs se sont produits sans que, la plupart du temps, le christianisme en ait été la source principale d'inspiration.

À partir d'un cadre de référence traditionnel, on pourrait être tenté de porter un jugement sévère sur la génération qui occupa les postes de commande pendant cette période de mutations. Que les défaillances et les erreurs d'aiguillage aient été nombreuses, y compris chez ceux qui militèrent naguère dans les rangs de l'Action catholique, cela me paraît incontestable. Sans nier la responsabilité personnelle des acteurs qui furent impliqués dans ces changements, je suis néanmoins enclin, pour ma part, à voir les choses dans une autre perspective. Comme tant d'autres sociétés qui se sont ouvertes au monde extérieur, le Québec a littéralement été investi depuis 1960 par une culture moderne qui exalte les valeurs d'émancipation et de libre choix en matière morale. Cette culture met toute sa foi dans les possibilités illimitées de la science et de la technique, et se veut capable d'apporter des réponses à toutes les questions de l'homme sans qu'il soit jugé nécessaire de référer à un ordre surnaturel. Elle dispose de moyens illimités pour sa diffusion et tend en conséquence, sans qu'il y ait nécessairement une conspiration organisée à cette fin, à réduire la religion à un choix strictement personnel et privé et à marginaliser son rôle et son influence dans la vie sociale. Nous avons vécu ici ce qu'ont vécu avant nous nombre de peuples historiquement formés sous l'influence de l'Église. Nous sommes entrés dans un âge de prospérité matérielle et intellectuelle où il était pratiquement inévitable qu'un grand nombre soient tentés de chercher dans des avenues purement humaines des réponses à leurs questions. À ceux que ce fait étonne ou scandalise, rappelons qu'il est loin d'être inédit au regard de l'histoire. Alors que son pays, l'Angleterre, entrait au milieu du XIXe siècle dans une période de mutation spirituelle et intellectuelle semblable à maints égards à celle que nous venons de connaître au Québec, Newman, qui avait beaucoup étudié l'histoire du christianisme, formulait ce commentaire prophétique : « Je soutiens que *l'incroyance est à toutes fins utiles inévitable dans un âge de prospérité intellectuelle et dans un monde comme le nôtre.* Malgré vous, l'incroyance et l'immoralité seront à l'œuvre dans le monde jusqu'à la fin des temps, et vous devez vous préparer à des formes d'immoralité encore plus odieuses et à des formes d'incroyance encore plus subtiles, plus amères et plus lourdes de ressentiment, dans la mesure même où elles seront plus libres de se manifester au grand jour[2]. »

La période où la génération dont je fais partie s'inscrivit dans la vie adulte coïncida aussi avec l'entrée en scène des sciences

---

[2]   J. H. NEWMAN, *The Idea of a University*, New York, Doubleday, coll. « Image Books », 1959. Voir chapitre intitulé *A Form of the Infidelity of the Day*, p. 352.

humaines dans notre société. En raison de la confiance que nous portions aux ressources de la nature, nous étions convaincus qu'avec l'aide des nouveaux instruments de connaissance mis à sa disposition grâce à ces disciplines nouvelles, l'Église serait en mesure d'orienter son action de manière mieux planifiée et plus efficace. Une grande importance était accordée à l'apport de la sociologie, de la psychologie, de l'histoire, voire de la science économique et des méthodes modernes de gestion dans la conception et la mise en œuvre des plans d'action pastorale et apostolique. De nombreuses enquêtes nous permirent d'acquérir une connaissance plus précise de la réalité. Nous déployâmes de même beaucoup de soin à nous familiariser avec les meilleures sources de documentation disponibles sur les problèmes qui retenaient notre attention. Ces travaux nous apprirent à travailler de manière sérieuse et crédible. Mais il a été beaucoup plus difficile que nous ne l'avions pensé de traduire en des réalisations palpables les conclusions que nous en retenions. Nous nous mesurions de fait à un défi spirituel devant lequel les moyens humains, tout en ayant leur utilité, devaient s'avérer insuffisants.

* * *

Devant l'ampleur des mutations que notre société a connues et la situation inédite qui en découle pour la religion, nous devons reconnaître avec humilité que la marche de l'histoire échappe à bien des égards à notre intelligence, et à plus forte raison à notre influence. Nos projets les plus généreux, même s'ils sont servis par les moyens humains les plus raffinés, sont des projets parmi bien d'autres sur le terrain de l'histoire humaine. Ils ne sont assurés ni du succès, ni de la supériorité sur ceux des autres, ni de la durée quand ils réussissent. Notre vocation est d'être dans le monde et d'y exceller le mieux possible. Le fait d'être croyants ne garantit pas cependant que nous serons les premiers partout et que nous ayons un titre privilégié à définir la forme que doit revêtir la société. Notre vraie mission est d'être dans le monde à la manière du grain jeté en terre. « Moi, j'ai planté, dit saint Paul, Apollon a arrosé, mais c'est Dieu qui donnait la croissance. » Dans cette perspective, nous devons nous garder de l'orgueil quand nous semblons réussir. Nous devons également nous garder de la morosité quand nous semblons baigner dans l'échec.

Instruits par l'expérience des siècles et celle, plus récente, du Québec, nous devons aussi nous rendre compte que les entreprises reliées à l'édification de la société humaine sont profondément ambivalentes, en ce sens qu'elle se situent au cœur de la lutte incessante entre le bien et le mal qui est une donnée fondamentale de notre foi.

D'une part, les croyants, ceux que saint Augustin appelle les membres de la cité de Dieu, sont appelés à participer activement à la production et à la juste distribution des biens nécessaires à la bonne vie humaine dans le temps. L'usage des biens indispensables à la vie dans le temps est en effet commun à tous, croyants et incroyants, et ce en raison de la condition mortelle qui leur est commune. Les uns et les autres doivent en conséquence, souligne saint Augustin, partager ensemble les tâches relatives à la paix terrestre, obéir aux mêmes lois qui assurent la bonne gestion de la cité et vivre dans la concorde. Ce niveau premier d'engagement, dont les formes les plus familières sont la famille et le travail, répond à une exigence élémentaire de survie et de justice. Il est bon en soi et obligatoire. Ce serait pour un chrétien agir en parasite que de prétendre s'en dispenser à moins d'une raison grave comme la maladie ou d'un motif supérieur comme celui de vouloir se consacrer à la contemplation de Dieu.

D'autre part, si l'usage des biens terrestres est commun, la fin de cet usage est fort différente d'une famille à l'autre. « La famille des hommes qui ne vivent pas de la foi, explique saint Augustin, recherche la paix terrestre dans les biens et avantages de cette vie temporelle; mais la famille des hommes qui vivent de la foi attend les biens éternels promis pour la vie future et *use comme une étrangère des biens terrestres et temporels*, non pour se laisser prendre par eux jusqu'à en être détournée du Dieu vers qui elle tend, mais pour s'appuyer sur eux et rendre plus supportable, loin de l'aggraver, le poids du corps corruptible qui appesantit l'âme[3]. »

---

[3]   Saint Augustin, *La cité de Dieu*, Paris, Desclée de Brouwer, 1960, coll. « Œuvres de saint Augustin », vol. 38, p. 127.

En lisant ces lignes, on serait enclin à croire que la vocation du croyant est de séjourner plus ou moins passivement dans le monde comme si celui-ci était une sorte de *no man's land* spirituel et se contenter, sans autre obligation que celle d'une certaine justice naturelle, d'en retirer ce qui lui est nécessaire pour vaquer à sa condition mortelle. Mais la conception chrétienne de la vocation va beaucoup plus loin que cela. Depuis la chute d'Adam, l'esprit du mal, selon la foi chrétienne, a engagé une lutte à finir contre Dieu. Nous savons par nos défaillances nombreuses et par les jugements que porte à cet égard notre conscience, que les conséquences du péché originel sont très présentes dans nos vies personnelles. Mais nous n'avons peut-être pas une conscience aussi nette des effets non moins lourds de la chute originelle sur la vie en société. Pourtant, la société humaine concrète telle que nous la connaissons ressemble étrangement, nous rappelle Newman, au monde sur lequel le Christ a porté un jugement très sévère. Le monde ainsi jugé n'est pas un monde lointain ou abstrait. « Il s'agit, affirme Newman, du monde même dans lequel nous vivons.., (il s'agit) de la société humaine elle-même. » « Le monde, poursuit Newman, peut paraître meilleur à une époque et quelque peu plus mauvais dans une autre époque. Mais en substance il est toujours le même. Je veux dire par là que la trame entière des choses, que la vie des nations, des empires, des états, des sociétés, des professions, des métiers, que les entreprises de toute sorte, sans être mauvaises en soi (ce qui n'est certes pas le cas), baignent néanmoins dans le mal et lui servent d'instrument. Elles portent l'empreinte du mal; elles sont le produit du péché d'Adam; elles portent en elles l'infection découlant de la première chute[4]. »

Si ces propos de Newman sont justes, la vie dans le monde ne saurait se borner pour nous à un exercice de convivialité agréable et sans heurt avec ceux qui, sans avoir la foi chrétienne, partagent avec nous une même condition mortelle. Elle est cela, mais elle est aussi le théâtre d'une lutte de tous les instants entre Dieu et l'esprit du mal, autant à l'intérieur de nous-mêmes qu'à

---

[4] J. H. NEWMAN, *Sermons on Subjects of the Day*, Londres, J. F. G. Rivingston, 1844. Voir Sermon VII, intitulé *Faith and the World*, p. 92, 119.

l'échelle de la société. Dans cette lutte, il ne nous est pas permis, en qualité de croyants, d'être neutres. Notre vocation est de faire notre part pour que reculent les effets de la chute originelle et qu'avance le royaume de Dieu. La tactique préférée du prince des ténèbres consistera toujours, non pas tant à heurter de front notre foi qu'à vouloir la réduire à rien en nous induisant à investir toute notre énergie dans la seule poursuite des biens terrestres. D'où le message que la sagesse chrétienne adresse à ceux qui veulent suivre le Christ. Il faut user des biens de ce monde parce qu'ils sont nécessaires à notre existence mais il faut en user comme n'en usant pas, c'est-à-dire avec modération et détachement, et éviter de mettre en eux toutes nos espérances. Il faut aussi veiller à ce qu'étant destinés à l'utilité de tous, ils soient équitablement répartis entre tous les membres de la famille humaine. D'où aussi ce message du Christ à ceux qui veulent être ses disciples : vous témoignerez de moi.

En régime de chrétienté, les institutions, étant officiellement chrétiennes, contribuaient puissamment à baliser dans un sens chrétien la conduite des individus et l'orientation de la société. Ce rôle des institutions compensait dans une certaine mesure les carences individuelles des chrétiens. Mais dans une société où les institutions chrétiennes sont en net déclin et où règne en suprême règle de vie la liberté de pensée de chacun, la présence du christianisme dans la vie profane est de plus en plus liée à la présence agissante dans le monde de conjoints, de pères et de mères de famille, de travailleurs, de dirigeants d'entreprise, de professionnels, de militants sociaux et politiques, de créateurs, d'enseignants et d'étudiants chrétiens résolus à vivre leur foi en plénitude dans leur milieu de vie. La situation historique nouvelle dans laquelle cette présence du chrétien dans le monde est désormais appelée à se déployer au Québec peut être déprimante à première vue. Mais à bien y penser, elle est peut-être, tout compte fait, préférable à l'ancienne. Elle crée en effet des défis redoutables pour la foi et donne l'impression que celle-ci est ensevelie sous l'incroyance. Mais en contrepartie, elle fait tomber le voile de l'hypocrisie qui a souvent flotté sur les époques de chrétienté et place chaque croyant dans une situation où il peut mieux comprendre la responsabilité qui lui incombe de témoigner personnellement de la Bonne Nouvelle du salut dans son milieu de vie. « Je préfère, écrivait Newman, être appelé à vivre dans un âge où la lutte se fait à ciel ouvert, non dans la demi-obscurité du crépuscule, et je pense que c'est un gain d'être frappé par la lance de l'adversaire plutôt que d'avoir à subir le coup de poignard d'un ami[5]. »

* * *

Il ne suffit pas d'affirmer qu'un devoir de présence au monde incombe au laïc chrétien. Une pédagogie humaine et spirituelle est en outre requise pour la réalisation efficace et harmonieuse de notre vocation dans le monde. À la lumière de l'expérience, voici quelques éléments qui semblent devoir caractériser cette pédagogie.

a) En règle générale, ce ne sont pas ceux qui passent leur temps à dire « Seigneur, Seigneur » qui plaisent à Dieu, ce sont plutôt ceux qui agissent conformément à sa volonté. Pour le chrétien ordinaire, l'accomplissement de la volonté de Dieu passe d'abord par la prise en charge de responsabilités familiales et professionnelles. La personne qui veut témoigner de sa foi doit d'abord *pratiquer les vertus naturelles* qui vont de pair avec sa condition. Dans l'exercice de ses responsabilités familiales, elle doit s'efforcer de pratiquer les vertus de fidélité, de partage, de respect mutuel, de dévouement réciproque, de sobriété dans l'usage des biens matériels, que l'enseignement chrétien associe à cet état de vie. Dans l'exercice de sa profession ou de son métier, elle doit pratiquer au plus haut degré les qualités de compétence, d'application consciencieuse, de discipline, de service, d'honnêteté, de créativité que l'on souhaite trouver chez un professionnel. Il n'est rien de plus efficace, pour faire voir le christianisme sous un jour authentique, que l'exemple d'hommes et de femmes qui s'appliquent, dans l'exercice quotidien de leurs responsabilités, à pratiquer à un niveau élevé les qualités que

---

[5]   J. H. NEWMAN, *The Idea of a University*, chapitre intitulé *A Form of the Infidelity of the Day*, *op. cit.*, p. 352.

requièrent leur état et leur profession. Sauf dans leur milieu familial où la transmission de la foi requiert un témoignage plus explicite et plus immédiat, ces personnes n'éprouvent pas le besoin d'exhiber à tout propos leurs convictions religieuses. Il suffit habituellement qu'elles laissent leur conduite parler par elle-même, que l'on découvre à travers leurs œuvres l'esprit dont leur vie s'inspire. « Les hommes illustres aux yeux du monde, écrit Newman, sont très grands vus de loin; vus de près, ils sont beaucoup plus petits; mais l'attraction qu'exerce une vertu qui s'ignore est d'une force irrésistible[6]. »

b) L'engagement dans les tâches temporelles s'enracine d'abord dans la famille et la profession. Mais il ne peut se limiter à ces seules dimensions. Comme nous sommes par nature des êtres appelés à vivre en société, il doit aussi s'exprimer à travers une disponibilité à servir la collectivité. Nos engagements à ce niveau doivent obéir à un certain ordre de priorités, les tâches de nature plus large devant en principe être prioritaires. Mais comme le dit l'adage scolastique, ce qui est premier dans l'ordre d'intention vient souvent en dernier lieu dans l'ordre d'exécution. On ne saurait, par exemple, raisonnablement exiger d'un jeune père de famille qui est à construire sa famille et sa carrière professionnelle qu'il abandonne ses devoirs immédiats pour se lancer corps et âme dans la politique même si celle-ci est plus noble en soi. Ces nuances étant faites, *l'engagement social est un devoir de conscience pour le chrétien* dans un monde où les médias, la vie associative et les institutions publiques et parapubliques exercent une influence énorme sur la formation de l'opinion publique et des styles de vie. Cet engagement peut certes revêtir plusieurs formes différentes, selon la situation de chacun. En lisant les interventions publiques du pape actuel, on ne peut toutefois s'empêcher de noter l'importance que l'Église attache à la participation des laïcs chrétiens à la vie publique et de manière plus précise à la politique. On est également frappé de l'insistance avec laquelle Jean-Paul II rappelle constamment l'importance centrale que revêtent de nos jours pour la conscience chrétienne

---

[6]   J. H. NEWMAN, *Sermons universitaires*, Paris, Desclée De Brouwer, 1954. Voir Sermon V, *De l'influence personnelle comme moyen de diffuser la vérité*, p. 139.

la dignité éminente de la personne humaine, le respect de la vie, la poursuite de la justice sociale et le souci prioritaire des pauvres.

Valable pour les engagements familiaux et professionnels, la règle de fidélité aux vertus naturelles l'est tout autant pour les engagements sociaux. À titre d'exemple, celui qui s'engage dans la politique découvre rapidement que les occasions de se porter explicitement à la défense de la religion dans ce milieu sont assez rares. Même lorsqu'elles se présentent, celui qui voudrait intervenir doit d'abord se demander s'il est la personne la mieux qualifiée pour le faire. Par contre, c'est de manière quotidienne et irremplaçable que le politicien est appelé à pratiquer les vertus de présence à son milieu, de connaissance des dossiers, d'efficacité dans l'action, d'intégrité dans la conduite, d'honnêteté dans le discours, de fidélité à ses engagements, de souci de la justice, de respect de la dignité d'autrui, de solidarité tempérée par une saine liberté intérieure, qui définissent l'authenticité dans ce type d'engagement. Ces vertus définissent un premier niveau de témoignage pour le chrétien engagé dans la vie politique. Des vertus équivalentes peuvent facilement être identifiées pour l'engagement dans d'autres secteurs d'activité, en particulier l'économie et la culture.

c) Cette priorité que le chrétien doit attacher à la pratique des vertus naturelles dans l'accomplissement quotidien de ses tâches me semble procéder d'un élémentaire réalisme. Elle est en outre un excellent antidote contre le zèle intempestif qui cause généralement plus de tort que de bien à la religion. Elle ne dispense pas, cependant, de l'obligation de témoigner plus explicitement de sa foi. Dire sa foi est un devoir envers Dieu, ainsi que le Christ nous le rappelle souvent dans l'Évangile. C'est aussi un devoir envers le prochain car « un ami véritable, nous dit Newman, est celui qui communique sa pensée[7] ». Ce devoir a sans doute toujours existé. Mais il s'impose avec une acuité plus grande dans un monde où, comme le souligne Newman, « les hommes sont appelés à avoir une opinion sur tous les sujets

---

[7]   J. H. NEWMAN, *Parochial and Plain Sermons*, vol. III, Londres, Oxford et Cambridge, Rivingstons, 1870. Voir Sermon XIII intitulé *Jewish Zeal, a Pattern for Christians*, p. 186.

politiques, sociaux et religieux, vu qu'ils doivent d'une manière ou d'une autre avoir part aux décisions, mais où la grande majorité sont absolument démunis devant cette responsabilité[8] ».

Si le devoir du témoignage est clair, la manière dont il doit être exercé doit être empreinte de discernement et s'inspirer d'une saine pédagogie. Ce devoir se mesure par le degré d'évolution de chaque personne, par la place que chacun occupe dans la société et par les circonstances propres à chaque situation. Il se mesure aussi par les dons de chacun. Il doit d'abord, cela va de soi, être livré dans le milieu immédiat où chacun évolue. Le plus souvent, il doit être donné de manière naturelle et informelle, à partir des sujets d'intérêt humain, qui alimentent les rapports de travail et d'affaires et la vie sociale. Bon nombre de sujets, en particulier les sujets reliés aux droits et libertés de la personne, à l'organisation du travail, aux politiques fiscales, aux conflits sociaux, aux inégalités sociales, aux grands enjeux économiques et politiques et aux questions reliées à la guerre et à la paix, ont un lien certain mais souvent indistinct avec la vision chrétienne du monde. La responsabilité du chrétien consiste à discerner ce lien et à le porter à l'attention d'autrui suivant des modalités appropriées dont il est le meilleur juge. Le témoignage, pour être pertinent, doit se nourrir à la fois d'une ouverture sincère à l'endroit des valeurs de liberté, de justice, de solidarité, de rigueur de l'esprit et d'efficacité qui sont au cœur du discours contemporain, et d'une assimilation solide des valeurs chrétiennes.

Dans une société où les sujets religieux sont abordés avec une grande désinvolture et où les faux prophètes sont nombreux, il incombe en outre au laïc de contribuer à faire connaître la religion et l'Église sous leur vrai jour. Il se dit aujourd'hui un grand nombre de choses inexactes ou injustes sur ces sujets. Qui, sinon des laïcs instruits et avertis de leur religion, peut contribuer, autant en privé qu'en public, à redresser nombre d'idées superficielles ou carrément fausses qui, faute d'être contestées sérieusement, ont souvent valeur de monnaie courante dans les milieux profanes ? Les laïcs d'ici sont malheureusement peu ou

---

[8]   J. H. NEWMAN, *Parochial and Plain Sermons*, vol. V. Voir Sermon III intitulé *Unreal Words*, *op. cit.*, p. 36.

mal informés en matière religieuse et morale. Très rares sont ceux qui se tiennent informés de la vie religieuse, qui lisent des ouvrages ou des revues à caractère religieux ou qui sont le moindrement informés des travaux qui ont cours dans les milieux religieux. Non moins rares sont ceux qui ont une connaissance convenable de l'enseignement de l'Église en matière sociale. Cela explique sans doute que bon nombre de croyants se taisent ou se cantonnent dans une attitude timide quand des sujets reliés à la religion sont discutés dans leur milieu.

d) Je n'ai pas encore parlé du rôle des valeurs évangéliques proprement dites dans notre vie de tous les jours. Ce n'est pas que je veuille en minimiser l'importance. Je suis convaincu au contraire que loin d'être réservé à ceux qui ont choisi le sacerdoce ou la vie religieuse, l'appel évangélique à la sainteté s'adresse à tous les hommes et femmes de bonne volonté, chrétiens ou non. Il me semble cependant que les valeurs évangéliques auront plus de chance de se manifester de manière efficace et durable dans nos vies si nous nous appliquons d'abord à pratiquer sincèrement les vertus naturelles dont il a été question. Si par l'esprit évangélique, nous entendons l'esprit qui nous incite à ne pas nous attacher de manière jalouse à nos œuvres, à nos biens, à notre prestige ou à notre image, à oublier nos mérites et nos intérêts légitimes pour permettre à d'autres d'être reconnus, à nous contenter d'une place plus modeste au lieu de la première, je n'y vois rien qui contredise ou atténue l'obligation d'exceller dans tout ce qui est de l'ordre naturel. Si par l'esprit évangélique, nous entendons l'esprit qui nous incite à user de la parole avec vérité et charité, à pardonner les choses fausses ou injustes que l'on dit à notre endroit, à ne pas chercher la vengeance, à aimer la personne de nos adversaires, à donner sans calcul, à présenter en toute occasion l'exemple d'un engagement ferme et persévérant au service des plus démunis, à agir avec chaque personne comme si nous discernions derrière elle la personne de Jésus Christ, je n'y vois rien qui contredise ou atténue l'obligation d'exceller dans tout ce qui est de l'ordre naturel. Bien au contraire, j'y vois plutôt la marque de l'enrichissement, précieux au-delà de tout ce nous pourrions imaginer, que vient donner à nos actes ordinaires la référence à Jésus Christ. Je dis seulement que la greffe évangélique aura plus de chance de prendre racine dans une terre où la nature a atteint un niveau élevé de perfection. La référence à Jésus Christ sera tantôt implicite, tantôt explicite, suivant les circonstances. Quand elle sera explicite, elle devra être limpide et transparente, afin qu'il soit clair que notre point de référence est le Christ de l'Évangile. Elle devra aussi s'appuyer sur l'exemple d'une vie où il y ait le moins de contradictions possible entre le discours et les actes.

e) Je voudrais enfin souligner l'importance de la continuité dans le recueillement et la prière pour la fécondité de l'engagement chrétien dans les tâches du monde. À moins d'avoir accumulé d'importantes réserves, de disposer d'une faculté exceptionnelle de récupération, de pouvoir s'appuyer sur un milieu familial imprégné d'esprit religieux ou sur de solides amitiés spirituelles, celui qui n'observe pas un minimum de régularité dans la pratique du retour critique sur la dimension spirituelle de son engagement et de la prière est le plus souvent accaparé par ses tâches temporelles au point d'accorder une place de plus en plus réduite à la dimension spirituelle de son engagement. Privé du recul que procurent la prière et la réflexion spirituelle, il épouse, le plus souvent à son insu, les manières de voir et de réagir du monde. Il en vient à baigner, selon l'observation de Newman, « dans ce misérable envoûtement pour les choses du temps et des sens, dans cette passion du gain, dans cette course à l'influence et au prestige qui abondent de tous côtés ». « Je ne connais rien de plus pénible, ajoute Newman, que cette basse ambition qui pousse chacun à chercher à réussir à tout prix et à monter dans la vie, à accumuler de l'argent, à se mettre à la poursuite du pouvoir, à se donner une importance et des airs de distinction qu'on ne lui connaissait pas auparavant, à prétendre se satisfaire de son propre jugement sur les sujets élevés, à choisir lui-même sa religion, à approuver et condamner chaque chose en fonction de ses goûts personnels[9]. » La foi demeure souvent présente à l'état latent dans la vie de la personne qui se laisse

9   J. H. NEWMAN, *Parochial and Plain Sermons*, vol. VIII. Voir Sermon VII intitulé *Doing Glory to God in Pursuits of the World, op. cit.*, p. 164.

ainsi absorber par ses activités profanes. Mais tout en ayant le sentiment de continuer de croire en Dieu, cette personne en vient graduellement, selon l'observation de Jacques Maritain, à vivre comme si Dieu n'existait pas.

Le chrétien qui reste en contact avec les sources de sa foi par la prière et la réflexion spirituelle en vient pour sa part à sentir « que la vraie contemplation de son Sauveur réside dans l'accomplissement de ses tâches au milieu du monde[10] ». Il en vient à comprendre que, « tout comme le Christ est caché derrière le visage des pauvres, des persécutés et des enfants, il peut tout aussi bien être reconnu à travers les tâches qu'il confie à ses élus, quels qu'ils soient[11] ». Il découvre enfin que c'est « en étant présent à sa vocation propre qu'il rencontrera le Christ et que, dans l'accomplissement de son devoir, il le verra se révéler à lui, comme dans une sorte de sacrement, à travers les actions ordinaires de sa vie de tous les jours[12] ».

---

[10]   *Ibid.*, p. 165.

[11]   *Ibid.*

[12]   *Ibid.*

II
Comment croire aujourd'hui?

La foi religieuse
au seuil du troisième millénaire[1]

Au sujet des perspectives de la foi religieuse dans le troisième millénaire, on entend les propos les plus divers. Selon certains, la foi serait en voie d'extinction dans le monde. Ce ne serait plus qu'une question de temps avant que sonne le glas définitif de sa mort. Selon d'autres, le millénaire qui commence donnerait le signal d'une rentrée en force de la foi en Dieu dans la vie humaine. Selon d'autres, enfin, la foi religieuse serait appelée à survivre mais serait vouée à n'être plus qu'une valeur marginale par rapport à celles qui inspirent la conduite des hommes et des femmes de notre temps.

Comme ce sujet touche ce qu'il y a de plus profond et de plus intime chez chaque personne, il m'apparaît impossible de l'aborder publiquement en prétendant à une totale neutralité. Je préfère pour ma part l'aborder en indiquant clairement où je me situe. Je tenterai d'être le plus objectif possible dans la présentation des faits et des témoignages. Ma perspective sera néanmoins celle d'un observateur qui n'a jamais fait mystère de son adhésion active à la religion catholique et qui est particulièrement intéressé en conséquence aux chances d'avenir de celle-ci.

Mon exposé se divisera en deux parties. Dans une première partie, j'examinerai la situation de la foi en Dieu au sens le plus

---

[1]   Conférence prononcée au Centre Saint-Charles, à Sherbrooke, le 2 mai 2000.

large du terme. Dans une seconde partie, je m'arrêterai plus particulièrement aux perspectives d'avenir de la religion catholique au Québec.

* * *

Malgré tout ce que l'on entend au sujet du déclin de la religion dans divers pays, la foi en Dieu, au sens large du terme, c'est-à-dire la foi en un Être suprême présidant aux destinées de l'univers, n'est pas en voie de disparition dans le monde.

Dans une série de conférences sur l'expérience religieuse qu'il donnait à l'Université d'Édimbourg au début du XXe siècle, le célèbre psychologue et philosophe américain William James prédisait que la foi religieuse survivrait aux découvertes des sciences exactes dont on saluait dès lors les progrès spectaculaires. Éblouis par ces perspectives nouvelles, plusieurs prédisaient que la religion survivrait tout au plus à titre de religion folklorique, de relique d'un âge dépassé. « Suivant une opinion répandue, écrivait James, la religion ne serait plus qu'un anachronisme, que le retour sous le mode de l'atavisme à un schème de pensée que l'humanité, dans ses manifestations les plus avancées, aurait désormais dépassé[2]. » James était réfractaire à toute forme de religion dogmatique ou révélée. En sa qualité de psychologue, il était par contre convaincu du caractère réel de l'expérience religieuse. Il la percevait même comme une dimension essentielle de la vie humaine. « L'univers de notre expérience, écrivait-il, comprend en tout temps deux parties, une partie dite objective qui embrasse un nombre d'objets beaucoup plus grand, et la partie subjective, laquelle ne saurait être ignorée ou supprimée[3]. James était persuadé qu'il y a dans chaque être humain, ce *something more*, ce quelque chose de plus, qui ne tombe pas sous les sens, qui échappe aux perceptions des sciences exactes, mais qui n'en est pas moins réel et agissant. « Appelez cette dimension la région mystique, ou la région surnaturelle, choisissez le mot que vous

---

[2]   W. JAMES, *Writings 1902-1910*, New York, Literary Classics of the United States, 1987. Voir « The Varieties of Religious Experience », p. 439.

[3]   *Ibid.*, p. 446.

voudrez », ajoutait-il. « Dans la mesure où nos impulsions idéales puisent leur origine dans cette partie intérieure de nous-mêmes, nous nous rattachons à cet univers subjectif de manière plus intime qu'au monde des réalités visibles[4]. » Au terme de sa série de conférences à Édimbourg, James ajoutait le commentaire suivant : « Je puis naturellement emprunter l'attitude de celui qui ne jure que par la science et imaginer avec enthousiasme que la réalité se ramène tout entière à l'univers des sensations, des lois scientifiques et des objets. Mais chaque fois que je parle ainsi, j'entends la voix de ce guide intérieur dont parle W. H. Clifford me dire que cela est de la bouillie pour les chats. Une fumisterie est une fumisterie, même si on lui donne un revêtement scientifique. Pour rendre compte intégralement de l'expérience humaine ainsi qu'il m'est donné de la percevoir objectivement, il faut nécessairement aller au-delà des seuls horizons de la science[5]. »

Ce quelque chose de plus, cette dimension additionnelle, cet horizon plus intérieur qui intéressait au plus haut point William James pouvait selon lui, par-delà les croyances propres à chaque religion, se ramener à deux éléments communs, soit :

a) l'existence dans chaque être humain d'un malaise fondamental l'inclinant à croire que tout ne tourne pas rond dans sa vie et dans la marche du monde ;

b) la solution que la foi en Dieu apporte à cette situation.

De tous les pays du monde, les États-Unis étaient celui où la thèse de l'explication ultime de toutes choses par la science aurait eu le plus de chance de se réaliser. Ce pays est en effet le plus riche, le plus puissant et, à bien des égards, le plus libre de toute l'histoire. En raison de ses immenses ressources, il était le mieux placé pour promouvoir le développement de la science et de la technologie et pour faire reculer du même coup la foi religieuse. Or, loin de diminuer, la foi en Dieu est demeurée depuis 50 ans exceptionnellement élevée dans ce pays. Dans une étude publiée

---

4   *Ibid.*, p. 460.

5   *Ibid.*, p. 463.

en 1999 dans la revue *Public Opinion Quarterly*, un sociologue américain a résumé les constatations enregistrées à ce sujet à travers de nombreux sondages réalisés pendant un demi-siècle. À travers toute cette période, conclut-il, plus de 95% des Américains interrogés ont déclaré croire à Dieu ou à un « esprit universel[6] ». Cette constance de la foi en Dieu chez les Américains a induit un autre sociologue, Gary Wills, à conclure, dans son livre *Under God*, que non seulement la religion est vivante et bien portante aux États-Unis, mais qu'elle s'avère « plus durable que quoi que ce soit d'autre dans notre histoire[7] ».

Dans une autre étude récente, un spécialiste italien des nouvelles formes d'expérience religieuse, Massimo Introvigne, rappelle pour sa part que « la thèse de la sécularisation, dans sa version quantitative, postulait que, dans la mesure où la mentalité scientifique progressait, il y avait toujours moins de religion dans les sociétés industrielles avancées[8] ». Cette vision était largement tributaire des travaux de sociologues des religions et de penseurs religieux au premier rang desquels figurait un éminent théologien de Harvard, Harvey Cox, dont l'ouvrage *The Secular City*, publié en 1966, connut un très grand rayonnement vers la fin des années 60. Or, rapporte l'auteur de l'étude précitée, Cox lui-même, dans un autre ouvrage publié en 1995, a reconnu s'être trompé en prédisant trente ans plus tôt l'avènement d'une société entièrement séculière. « Peut-être, écrit Cox, étais-je trop jeune et trop impressionnable quand les universitaires faisaient ces tristes prévisions. En tout cas, je les avais absorbées vraiment trop facilement, et j'avais cherché à réfléchir sur ce que pourraient être leurs conséquences théologiques. Mais il est maintenant devenu clair que ces prévisions étaient erronées. Ceux qui les faisaient admettaient que la foi pourrait peut-être survivre comme un héritage culturel mais ils insistaient sur le fait que les jours de

---

[6]   G. Bishop, « The Polls – Trends – America's Belief in God », dans *Public Opinion Quarterly*, automne 1999, p. 421- 425.

[7]   *Ibid.*, p. 421.

[8]   M. Introvigne, « Les nouvelles religions », dans *La Documentation catholique*, n° 2209, 15 août 1999, col. 732-734.

la religion comme force capable de donner forme à la culture et à l'histoire étaient terminés. Rien de cela ne s'est réalisé. Au contraire, avant que les futurologues universitaires soient arrivés à l'âge de toucher pour la première fois leur pension de retraite, une renaissance religieuse d'un certain type a commencé à se manifester dans le monde entier[9]. »

Selon un autre spécialiste en matière d'enquêtes sociologiques sur la religion que cite Introvigne, « la thèse selon laquelle la religion doit inévitablement décliner quand la science progresse s'est avérée fausse » et « au fur et à mesure que les sondages, les statistiques et les données historiques se sont accumulées, la vitalité persistante de la religion est devenue évidente[10] ». Selon le même spécialiste, le nombre de personnes qui se déclarent athées ou agnostiques décline presque partout, dans presque tous les pays du monde « et le nombre de ceux qui déclarent croire en une certaine forme de pouvoir supérieur à la personne humaine, ou à une autre vie après la mort, ou qui affirment consacrer quelque temps durant la semaine à des formes de prière ou de méditation atteint presque 80% de la population, avec des pointes de 90% dans des pays non secondaires comme les États-Unis[11] ».

Ces données de portée plus large sont confirmées par des sondages nombreux en ce qui touche le Québec et le Canada. Selon un sondage CROP dont *La Presse* publiait les résultats en avril 1999, 88% des personnes interrogées déclaraient croire en Dieu. Dans un commentaire qui accompagnait la publication des résultats, le président de la maison de sondages notait que « cette proportion n'a pas changé au cours des dix dernières années[12] ». Un sondage récent de la maison Angus Reid réalisé pour le *Globe and Mail* a donné des résultats fort semblables. Selon cette enquête, les personnes interrogées ont affirmé croire en

---

[9]   *Ibid.*, col. 732-733.

[10]   *Ibid.*, col. 732.

[11]   *Ibid.*, col. 733.

[12]   A. Giguère, « Les Québécois croient à Dieu, aux anges, au ciel et aux miracles », dans *La Presse*, 9 avril 1999.

Dieu dans une proportion de 84% pour l'ensemble du Canada et de 85% pour le Québec[13].

Nous verrons plus loin que la réalité est plus complexe et préoccupante que ne le laissent supposer ces données brutes. Celles-ci sont néanmoins assez nombreuses et convergentes pour que l'on puisse à tout le moins en conclure que la mort annoncée de Dieu n'a pas eu lieu dans l'esprit de la grande majorité de nos contemporains. D'autres indices invitent en outre à croire qu'au lieu de s'envenimer, les rapports entre la foi et la science semblent au contraire prendre une tournure positive.

Les esprits semblaient naguère partagés en deux courants extrêmes, soit un courant voulant que seules les connaissances émanant des sciences exactes soient crédibles, et un autre courant selon lequel toute découverte scientifique ne pouvait être admise que si elle n'entrait pas en conflit avec la foi religieuse. Or, de nombreuses indications laissent croire que, de part et d'autre, les milieux scientifiques et les milieux religieux s'orientent vers une meilleure acceptation de leur position respective.

Dans les milieux scientifiques, plusieurs s'emploient toujours à mettre au point une ou des théories qui permettraient de tout expliquer par les voies de la science. Nombreux par contre sont ceux, tant parmi les croyants que parmi les autres, au jugement desquels les questions portant sur le sens de l'existence débordent le champ des sciences exactes et doivent être abordées en conséquence à l'aide d'autres critères. Ainsi que l'expliquait un correspondant du *New York Times*, « les neurologues peuvent expliquer que le cerveau consiste, en gros, en des réseaux de cellules communicantes appelées neurones. Mais il est difficile de concevoir une théorie qui explique de manière satisfaisante ce qu'est la conscience de la vie ou, si l'on préfère, ce que cela signifie d'être vivant. Aucune théorie ne saurait davantage expliquer l'origine des lois mathématiques ni rendre compte de ce qui a pu précéder le Big Bang d'où est issu l'univers que nous connaissons. Malgré toute sa puissance, l'esprit humain se heurte en dernière analyse à des questions qu'il ne peut résoudre. Il ne lui

---

[13]   M. VALPY, « The Young Still Believe », dans *The Globe and Mail*, 22 avril 2000.

reste plus alors qu'à battre en retraite ou à faire le grand saut et à choisir ce qu'il doit croire[14] ». On est encore loin, selon le même collaborateur du *New York Times*, d'une symbiose parfaite entre la science et la foi religieuse. Mais il semble que l'on admette davantage, dans les milieux scientifiques, le caractère foncièrement différent de la connaissance scientifique et de la connaissance religieuse et l'autonomie dont chacune doit disposer.

Dans les milieux religieux, la méfiance d'autrefois à l'égard de la science a manifestement fait place à une attitude de confiance et de respect si l'on en juge entre autres par les nombreuses interventions du pape actuel sur ce sujet. Dans les nombreux messages qu'il a adressés à des congrès scientifiques pendant son long pontificat, Jean-Paul II s'est en effet employé à dissiper les malentendus qui avaient pu exister depuis la condamnation de Galilée au sujet de l'attitude de l'Église catholique à l'égard de la science. Après nous être longtemps tantôt appuyés mutuellement tantôt combattus sans raison valable, « nous avons commencé », déclarait-il devant les participants à un congrès scientifique tenu à Rome dès les premières années de son pontificat, « à nous parler à des niveaux plus profonds qu'auparavant et avec une plus grande ouverture à l'endroit de nos perspectives respectives. Nous avons commencé à rechercher ensemble une meilleure compréhension de nos disciplines respectives, de leurs champs de compétence, de leurs limites, ainsi que des sujets possibles d'intérêt commun. » Grâce à cette démarche, nous avons pu identifier des questions importantes qui nous concernent des deux côtés et qui sont d'une grande importance pour l'avenir de la grande famille humaine au service de laquelle nous œuvrons. Il est de la plus grande importance que cette recherche commune à base d'ouverture critique et d'échange puisse non seulement se poursuivre mais croître et s'approfondir en qualité et en étendue[15] ». Dans le même

---

[14]   G. JOHNSON, « Science and Religion – Bridging the Gap », dans *The New York Times*, 1999.

[15]   JEAN-PAUL II, Lettre au père George V. Coyne, s.j., directeur de l'Observatoire du Vatican, 1er juin 1988.

discours, le pape allait encore plus loin, affirmant clairement que la religion et la science doivent chacune préserver leur autonomie et leur caractère distinct : « La religion, soutenait-il, n'est pas fondée sur la science et la science n'est pas une extension de la religion. Chacune doit posséder ses propres principes, ses modes de procéder, le droit à ses propres interprétations et à ses conclusions. La religion chrétienne possède en elle-même la source de sa justification et ne s'attend pas à trouver dans la science sa principale raison d'être. La science doit de son côté porter témoignage de sa propre vérité. Toutes deux devraient se situer dans un rapport de soutien réciproque en tant que représentant des dimensions distinctes d'une même culture humaine, mais ni l'une ni l'autre ne devrait devoir présumer qu'elle doit servir de base d'argumentation pour l'autre[16]. »

À une époque où les progrès de la physique, de la chimie, de la biologie moléculaire, de la génétique ouvrent des possibilités qui ont de profondes implications morales pouvant affecter jusqu'à l'intégrité et à la survie de l'espèce humaine, cette recherche de convergence entre la foi religieuse et la science est de la plus haute importance pour celui qui croit en Dieu. Elle lui enseigne qu'aux yeux de l'autorité religieuse, il ne saurait exister d'opposition irréductible entre la science et la foi religieuse. Elle lui enseigne aussi que, si telle est sa vocation, un croyant peut s'adonner en toute liberté à l'étude scientifique de la réalité, avec l'assurance que, le même Créateur étant à l'origine de la vérité inscrite dans l'univers créé et dans la religion, la vérité dont il est la source ne saurait qu'être une à travers ses manifestations diverses.

Ce que nous venons de dire au sujet des rapports entre la religion et la science peut être affirmé avec autant de netteté au sujet de toutes les formes légitimes de l'activité humaine. La science est en effet considérée à juste titre comme l'une des formes les plus élevées de l'activité humaine. Ce que nous avons observé à son sujet peut aussi se dire de maintes autres formes d'engagement humain. Parmi celles-ci, il importe de mentionner avec une insistance particulière l'engagement au service de la cité. Il

---

[16]   *Ibid.*

fut en effet un temps où cet engagement pouvait prêter à équivoque, étant donné l'opposition qui exista naguère entre l'Église catholique et diverses formes de libéralisme politique. Mais depuis que l'Église, surtout sous les pontificats de Jean XXIII et Jean-Paul II, a pris nettement parti pour la défense des droits humains et contre les régimes totalitaires, depuis que la société politique a évolué de son côté vers une reconnaissance plus explicite des libertés fondamentales, y compris de la liberté religieuse, il n'existe plus de difficulté insurmontable à ce sujet. Non seulement l'engagement politique est-il jugé compatible avec l'engagement religieux mais il est vivement recommandé, sous les modalités dont le choix revient à chacun, comme étant l'une des formes les plus élevées d'amour du prochain. Jean-Paul II vient de reprendre à ce sujet des propos que tenait naguère Pie XI. « La politique, écrivait-il en novembre dernier au président des Semaines sociales de France, est le champ le plus vaste de la charité et de la solidarité[17]. »

De cette première partie, nous pouvons retenir deux conclusions claires. Premièrement la personne qui croit en Dieu n'est pas seule dans le monde. Elle fait au contraire partie de la véritable majorité des humains. En second lieu, rien n'interdit au croyant, surtout s'il est chrétien, de participer pleinement à la vie qui se fait. Qu'il s'agisse d'économie, de culture, de vie sociale ou de politique, il peut se sentir à l'aise dans tous les secteurs de l'activité humaine. Il a même le devoir de s'y engager car c'est au cœur de cette activité humaine qu'il pourra le mieux, en qualité de laïc croyant, donner un sens à sa foi.

* * *

La croyance en Dieu demeure donc au seuil du troisième millénaire une donnée très importante de l'existence humaine. Et rien n'indique qu'elle soit appelée à s'éteindre. À cette constatation solidement étayée, deux réserves de taille doivent cependant être apportées.

---

[17]   JEAN-PAUL II, Message au Président des Semaines sociales de France, 17 novembre 1999.

Une première réserve porte sur le contenu que les hommes et les femmes d'aujourd'hui attachent au nom de Dieu. Dieu signifie-t-il pour eux un Être personnel, un esprit universel plutôt difficile à identifier, ou tout simplement une puissance vitale, une sorte d'énergie universelle soutenant le cosmos sous des formes impossibles à définir? Nous sommes ici en plein mystère et nul ne peut prétendre savoir avec certitude ce qui se passe effectivement dans le cœur de chaque personne. Nous disposons néanmoins à ce sujet d'un certain nombre de données qui ont valeur d'indications quant au contenu que les croyants donnent à leur foi en Dieu. Ces données indiquent qu'après vingt siècles de christianisme, la foi en Dieu demeure souvent fort éloignée de ce qu'enseignent les Églises même chez les personnes qui ont reçu le baptême et une éducation chrétienne.

Étonnés de la constance avec laquelle les Américains n'ont cessé depuis 50 ans d'affirmer leur croyance en Dieu à travers d'innombrables sondages, des sociologues de ce pays ont voulu en savoir davantage. À l'aide de questions plus précises, ils ont pu établir que, sur les 96% d'Américains qui affirment croire en Dieu :

a) seulement deux sur trois croient en un Dieu personnel. L'autre tiers est formé de personnes qui voient en Dieu « un esprit universel », « une puissance supérieure quelconque », ou encore « une force vitale »;

b) près d'un sur quatre déclare avoir eu ou entretenir des doutes ou des interrogations au sujet de cette croyance.

Le sociologue qui a conduit l'étude en retient la conclusion suivante : « Lorsque les Américains, dans une proportion avoisinant 95%, déclarent croire en Dieu, il ne semble pas qu'ils soient d'accord entre eux quant à ce qu'ils entendent par Dieu et quant au degré de certitude qui entoure leur croyance[18]. »

Une constatation semblable doit être faite à propos du Québec. Au dernier recensement fédéral, 86% des Québécois se déclaraient de religion catholique. Depuis ce temps, divers

---

[18]   G. Bishop, *art. cit.*, renvoi 5.

sondages ont établi qu'entre 80% et 90% des Québécois croient en Dieu. Si l'on se demande cependant ce que signifie cette affirmation, force est de constater que les Québécois tendent de plus en plus à se représenter Dieu à leur manière plutôt que selon l'enseignement de l'Église.

Selon un sondage CROP publié dans *La Presse* en avril 1999, seulement un Québécois sur trois déclarait se représenter Dieu tel que l'enseigne l'Église, tandis que 46% affirmaient se représenter Dieu à leur façon personnelle, sans référence à l'enseignement de l'Église. Selon le même sondage, 14% de Québécois se représentaient Dieu comme une grande force impersonnelle à laquelle nous participons tous, avec la nature, dans une grande cosmologie universelle. En outre, 31% seulement croyaient à l'enfer et 32% au diable. Près d'un Québécois sur dix croit que la vie n'est que phénomène physique et biologique et que Dieu n'est guère qu'une invention de l'homme[19].

Un autre sondage plus récent publié dans *La Presse* en avril 2000 indique que les Québécois « magasinent de plus en plus leur religion et se composent leur propre menu de croyances ». Ils font divers emprunts à d'autres religions et ont de la difficulté à avoir une foi cohérente. Il n'est pas rare de les voir mélanger allègrement un peu d'ésotérisme, de christianisme et de bouddhisme. Selon le même sondage, 68% des répondants qui déclarent croire en Dieu disent croire à l'existence du paradis, tandis que 39% seulement croient à l'existence de l'enfer. Plus du quart déclarent que, selon eux, Jésus était seulement un homme plutôt que le Fils de Dieu. Enfin, interrogés au sujet de ce qui se passera après leur mort, 12% seulement affirment croire qu'ils ressusciteront, 29% croient qu'il ne se passera rien, 52% disent ne rien savoir, et 17% croient en la réincarnation[20].

Un autre article paru récemment dans *La Presse* nous apprenait que, dans le monde des librairies, le spirituel est présentement un secteur en pleine croissance. Selon le directeur des achats au sein du groupe Renaud-Bray, les ventes de ce secteur ont

---

[19]   A. GIGUÈRE, *art. cit.*, renvoi 11.

[20]   I. HACHEY, « La religion dans tous ses états », *La Presse*, 22 avril 2000.

augmenté de 30% depuis l'an dernier. « L'idéologie du Nouvel Âge, en particulier, est chose tellement importante qu'elle s'infiltre dans tous les rayons des librairies : gestion, sociologie, histoire, anthropologie. On est en train, conclut Martin Geoffroy, de confondre le discours scientifique et les croyances personnelles[21]. » « Ce que les gens veulent avoir aujourd'hui, déclare un autre éditeur, ce sont des points d'appui pour avancer dans la vie et se sentir mieux. Nos clients vont du PDG qui veut faire du zen au petit monsieur qui veut faire son astrologie tous les jours[22]. »

Pour la grande majorité des gens, explique un professeur de sociologie à l'Université Laval, « la quête spirituelle se fait désormais à l'extérieur des cadres religieux et institutionnels. C'est pourquoi on retrouve toute cette vaste panoplie de livres, ateliers et conférences qui répondent à ce besoin. Les gens ne veulent surtout pas se faire dire par quelque autorité que ce soit comment vivre leur vie spirituelle[23] ».

Les observations que nous venons de rappeler font écho à un recul majeur de l'Église-institution dans la vie des Québécois. Faiblesse de la pratique dominicale (laquelle oscille de 10% à 20% des baptisés selon les régions). Vieillissement du clergé et rareté des vocations au sacerdoce et à la vie religieuse. Transmission difficile de la foi chez les jeunes. Rencontre difficile entre les valeurs religieuses et les valeurs de la nouvelle culture. Diminution des ressources financières. Fermetures d'églises et mises en vente d'immeubles religieux. Ces indices de déclin n'émanent pas d'une source farfelue. Ils sont extraits du rapport que les évêques du Québec remettaient au pape lors de leur dernière visite *ad limina* à Rome en septembre 1999[24].

---

[21]   I. HACHEY, « Le retour des marchands du temple », dans *La Presse*, 22 avril 2000.

[22]   *Ibid.*

[23]   *Ibid.*

[24]   ASSEMBLÉES DES ÉVÊQUES DU QUÉBEC, « L'Église du Québec se veut à l'écoute de ce que lui dit l'Esprit », dans *La Documentation catholique*, n° 2205, 6 juin 1999, col. 503-505.

À ces constatations, il faut ajouter l'écart qui s'est creusé, depuis la publication de l'encyclique *Humanæ vitæ* en 1979, entre l'enseignement de l'Église en matière de morale sexuelle et la conduite concrète des gens. Au Québec, selon le témoignage d'un observateur sérieux rapporté dans *Le Devoir*, plus de 80% des catholiques seraient en faveur de la contraception, contrairement à l'enseignement officiel de l'Église. Le même observateur fait également état d'un refus de la discipline catholique sur les questions du divorce et de l'ordination des femmes[25]. Il aurait pu ajouter que l'intégration dans la vie de l'Église des divorcés remariés est une autre cause majeure d'éloignement à l'endroit de l'Église-institution dans une société où plus d'une union sur trois débouche maintenant sur une rupture.

Tout cela nous invite à conclure que, si une forte majorité des Québécois croient encore en Dieu, leur religion est de plus en plus une religion à la carte, vague et soumise aux influences les plus diverses, une religion qui semble s'éloigner de plus en plus de l'enseignement et des normes de conduite définis par l'Église catholique. La distance entre une foi ainsi vécue et une religiosité davantage apparentée au sentiment religieux qu'à la vraie religion, est évidente. Malgré le vernis de croyance en Dieu que rapportent les sondages d'opinion, un nombre grandissant de Québécois pensent et agissent désormais comme si Dieu n'existait pas ou comme s'il n'avait jamais donné dans l'histoire humaine une claire manifestation de son dessein pour l'humanité. Il n'apparaît pas exagéré de parler dans ce contexte de progrès significatif de l'incroyance. Celle-ci n'hésite d'ailleurs pas à se manifester ouvertement dans la presse écrite et sur les ondes de la radio et de la télévision.

Comment expliquer qu'un écart aussi grand se soit créé en à peine une génération entre la foi en Dieu et l'adhésion active à l'Église-institution? Une partie de l'explication réside sans doute dans la forte prépondérance que l'Église a longtemps exercée sur la vie du peuple québécois et par un assèchement subtil de la foi qui était à l'œuvre bien avant le déclenchement de la Révolution

---

[25]   C. MONTPETIT, « D'où venons-nous, où allons-nous? », *Le Devoir*, 31 décembre 1997.

tranquille. Dans bien des cas, la Révolution tranquille aura mis à nu des situations qui existaient déjà. Elle ne les aura pas créées de toutes pièces. Le changement s'explique aussi par une réaction contre de nombreux abus de pouvoir auxquels la religion aura servi de prétexte dans les familles et les institutions. Mais l'explication principale doit être trouvée à mon avis dans le vent de libération qui souffla sur le Québec à partir de 1960 et qui inclina les dirigeants et la population à rechercher une plus grande liberté en faisant table rase de bien des habitudes et modes de pensée qui avaient été synonymes de contrainte et d'opposition au changement

« Dans un âge d'effervescence intellectuelle et dans un monde comme le nôtre, écrivait John Henry Newman dès le milieu du XIXe siècle, il est pratiquement inévitable que l'incroyance voie le jour sous une forme ou sous une autre, en considérant que la foi requiert un acte de la volonté et présuppose la jouissance de certains avantages pour la religion. Vous pourrez vous obstiner à considérer que l'Europe est catholique mais elle ne l'est pas. Vous pourrez contraindre des gens à adhérer extérieurement aux dogmes et aux principes catholiques; il se peut même que vos décisions soient souvent bonnes, voire empreintes de miséricorde à l'endroit des faux docteurs et de leurs victimes. Mais c'est à peu près tout ce que vous pourrez faire; vous ne pourrez pas dicter vos conclusions aux personnes en des matières qui devront être laissées à leur libre décision. Il y aura malgré vous de l'incroyance et de l'immoralité jusqu'à la fin des temps. Vous devez vous préparer à faire face à une immoralité d'autant plus odieuse, à des formes d'incroyance d'autant plus subtiles, plus amères et chargées de ressentiment qu'elles seront obligées de se manifester au grand jour[26]. » Newman aimait rappeler que la venue du Christ, si elle nous a ouvert les portes du salut, n'a pas pour autant effacé en nous les traces de la chute originelle. Aussi longtemps que ces traces seront présentes, nous serons tentés, à l'image du peuple choisi de l'Ancien Testament, de chercher notre liberté ailleurs

---

[26]   J. H. NEWMAN, *A Form of the Infidelity of the Day*, dans *The Idea of a University*, New York, Doubleday, coll. « Image Book », 1959, p. 350-351.

que dans les contraintes imposées par la religion et de chercher Dieu lui-même ailleurs que là où il se trouve. Là réside, à mon humble avis, d'un point de vue spirituel, une explication majeure, sinon la principale, du déclin de l'Église-institution au Québec. Dans cette perspective, comme nul ne peut prétendre avoir été sans défaillance, nous portons tous, chacun à notre mesure, une part de responsabilité dans ce qui s'est produit. Rien ne servirait en conséquence de gaspiller du temps et de l'énergie à chercher des coupables ou des boucs émissaires autant du côté de ceux qui incarnèrent la période précédente que chez ceux qui furent les principaux artisans des changements survenus à partir de 1960.

Nous devons aussi considérer, selon le sage conseil de Newman, que dans le retour qui nous est imposé vers une religion plus simple et plus dépouillée, tout n'est pas mauvais, loin de là. N'oublions pas, aimait rappeler Newman, que les siècles de chrétienté, nonobstant leur incontestable grandeur, furent aussi à l'origine de nombreuses situations de mensonge et d'imposture. Entre l'incroyance qui se déguisait souvent sous le revêtement de la foi dans les siècles de chrétienté et l'incroyance qui s'affiche ouvertement à l'époque moderne, Newman disait préférer carrément le temps d'aujourd'hui où la foi et l'incroyance doivent s'affronter à ciel ouvert. Telle serait sans doute sa préférence s'il devait vivre sa foi dans le monde actuel.

S'il est vrai que dans ce qui arrive à l'Église-institution, tout n'est pas mauvais et que, de toute manière, nous n'y pouvons pas grand-chose dans l'immédiat, il nous reste à nous demander quelle ligne de conduite s'impose à nous si nous voulons être fidèles à notre foi dans les circonstances inédites où elle doit désormais être vécue.

En premier lieu, avant de parler de stratégies et de réaménagements concrets, il s'impose que chacun de nous s'efforce de vivre le christianisme en plénitude sans trop se préoccuper des résultats extérieurs qui en découleront. Dans le monde actuel chaque personne veut être un sujet responsable de sa destinée et tient en conséquence à arrêter elle-même ses choix. Loin de rejeter cette façon de voir, nous pouvons nous en inspirer pour chercher à réaliser le plus complètement possible notre condition de chrétiens. Si nous nous définissons comme chrétiens, nous devons chercher à l'être pleinement dans notre vie privée et dans notre vie publique. C'est de cette manière que nous pourrons le mieux contribuer à la maturation et au rayonnement de la foi. Le christianisme s'est bâti non pas à coup de stratégies savantes mais sur la base du témoignage de quelques femmes et de quelques hommes qui avaient connu le Christ de son vivant et avaient eu le privilège de le revoir après sa résurrection. Cette loi de la diffusion par le témoignage personnel a toujours été pour l'Église son mode caractéristique de développement. Quels que soient notre sexe, notre âge, notre condition sociale, notre degré d'instruction ou d'influence, efforçons-nous d'être dans nos milieux respectifs, surtout par l'exemple et au besoin par la parole, des témoins fidèles de notre foi en Jésus Christ. Vu que nous vivons dans une société où rien, sinon certains tabous sociaux, ne s'oppose à ce que nous vivions intégralement notre foi, usons de cette liberté pour nous faire connaître sous notre vrai jour, sans arrogance mais aussi sans fausse modestie. De tels chrétiens seront toujours trop peu nombreux. Mais peu importe, disait Newman. « Ils sont assez nombreux, écrivait-il dans un de ses plus beaux sermons, pour continuer l'œuvre silencieuse de Dieu. Tels furent les Apôtres. Et je pourrais en nommer d'autres qui ont succédé, de génération en génération, à leur sainteté. Ils communiquent leur lumière à un grand nombre de moindres flambeaux, qui la distribuent à leur tour dans le monde entier, les premières sources de clarté demeurant alors invisibles même à la plupart des chrétiens sincères[27]. » Quoi qu'il en soit, ajoute Newman, les démonstrations rationnelles ne sont pas la meilleure manière de défendre la foi contre l'erreur, car celle-ci jouit au départ d'avantages certains dans sa lutte contre la vérité. Il suffit en effet d'attaquer la vérité par un aspect particulier pour réussir à semer la doute dans l'esprit de l'auditeur, tandis que, pour la défendre efficacement, il faut la saisir et la présenter dans l'unité

---

[27]   J. H. NEWMAN, « Sermon IV. De l'influence personnelle comme moyen de propager la vérité », dans *Sermons universitaires*, Paris, Desclée de Brouwer, 1954, p. 141.

de toutes ses parties, ce qui est beaucoup plus difficile. La véritable arme du chrétien, c'est sa vie. « Un seul petit acte fait pour l'amour de Dieu, contre l'inclination de la nature, fut-ce en s'effaçant et sans bouger, comme de supporter une injure, de braver un danger, de se priver d'un avantage, tout cela persuade plus puissamment que la poussière et la paille d'une simple profession verbale[28]. »

En second lieu, nous devons nous garder le plus possible de toute pensée d'amertume ou de mélancolie à l'endroit de notre temps. Nous devons au contraire chercher à le connaître, à le comprendre et à l'aimer sans cesse davantage. « La nature et l'histoire de la Vérité divine », écrit encore Newman, « doivent nous rendre contents et sans crainte, quels que soient le caractère particulier ou les erreurs de notre génération. Car le Christ ne régnera jamais visiblement sur la terre; au cours de chaque siècle, il faudra constater des troubles et des hérésies, et nous entendrons les plaintes des hommes de bien, étonnés de ce qu'ils appellent la perversité particulière de leur temps[29]. » Au lieu de passer notre temps à gémir sur les maux de notre époque, sachons discerner en elle les traits positifs qui contribuent à l'avancement de la dignité humaine et au développement de la création. Sachons aussi nous insérer constructivement dans les modes de travail qui sont caractéristiques de notre temps, en particulier dans les luttes démocratiques pour la défense des libertés et la promotion de la justice, en nous contentant de préférence, comme le conseillait Newman, « du lot le plus humble et le plus obscur », sans toutefois refuser les charges plus élevées si elles nous sont proposées comme un service.

En troisième lieu, nous devons nous préoccuper davantage de la santé de l'Église-institution en nous souvenant que cette institution est non seulement divine mais humaine et que dans ses aspects humains, elle doit se soumettre à la loi du changement et de l'adaptation qui s'impose à toute institution. Même si la cause profonde doit en être trouvée dans des explications plus

[28]   *Ibid.*, p. 137.

[29]   *Ibid.*, p. 141.

complètes, le déclin qui affecte présentement l'Église du Québec est en partie attribuable à ses propres carences et faiblesses historiques. Dans la mesure où certaines carences relèvent de décisions humaines, elles doivent pouvoir être révisées par le recours à des processus de délibération dignes d'une institution adulte, c'est-à-dire par le recours à des processus qui font une juste part à la discussion ouverte et franche. Trop souvent, dans l'Église, ces processus sont rendus impossibles par l'enfermement dans des modes de fonctionnement empreints de cléricalisme. Il en découle que presque toutes les décisions importantes, sauf celles qui ont un caractère financier, sont prises par des clercs sans qu'intervienne un apport significatif des laïcs. Il en découle aussi que, dans des matières qui concernent directement la vie des laïcs, l'enseignement moral est imposé d'en haut sans qu'il soit tenu suffisamment compte des conditions concrètes dans lesquelles il doit être appliqué. Le deuxième concile du Vatican avait fait naître à cet égard de grands espoirs qui ne se sont malheureusement réalisés que d'une manière partielle jusqu'à ce jour. Autant l'Église catholique a connu un exceptionnel rayonnement mondial sous le pape actuel, autant la réforme intérieure qu'avait laissé entrevoir le concile a tardé à se réaliser.

Dans des interventions récentes, les cardinaux Martini, de Milan, et Hume, de Westminster, ont fourni de précieuses indications quant aux sujets concernant la vie de l'Église qui devraient donner lieu à une sérieuse révision. À l'occasion du Synode des évêques européens tenu en septembre 1999, le cardinal Martini a recommandé pour sa part que soient examinés « dans la liberté et dans le plein exercice de la collégialité épiscopale » la situation de la femme dans la société et dans l'Église, la participation des laïcs aux responsabilités ministérielles, la sexualité, la discipline du mariage, la pratique de la pénitence, les rapports avec les autres Églises, le rapport entre démocratie et valeurs et entre législations civiles et loi morale. Il a ajouté à cela, sans parler explicitement d'un concile, qu'il faudrait tenir à cette fin une assemblée plus large qu'un Synode, laquelle devrait probablement être, suivant ses termes, « un instrument collégial plus universel et autorisé[30] ». Dans une communication rédigée peu avant sa mort, le cardinal Hume avait aussi soumis une liste de sujets qu'il souhaitait aborder dans un cadre collégial. Figuraient dans sa liste de sujets l'accès des femmes au sacerdoce, le rôle des laïcs dans l'Église, l'enseignement de l'Église dans le domaine des mœurs, l'animation spirituelle de la vie humaine sous tous ses aspects, les modes d'exercice de l'autorité dans l'Église et particulièrement le partage des responsabilités entre l'autorité romaine et les évêques, la transmission de la foi aux jeunes générations, la liturgie, le rôle de la conscience individuelle[31]. Ces deux listes de sujets traduisent des attentes largement répandues et font écho à des problèmes vivement ressentis par des milliers de croyants à travers le monde. Des sujets aussi importants justifieraient à n'en pas douter la tenue d'un nouveau concile. Il serait hautement souhaitable que les travaux d'un tel concile soient au préalable l'objet de consultations sérieuses auprès des membres de l'Église au niveau local, diocésain et national, et aussi auprès d'experts ouverts aux préoccupations de l'Église.

On ne saurait enfin passer sous silence l'immense travail d'ajustement institutionnel que doit s'imposer l'Église du Québec afin de faire face à ses responsabilités dans le contexte nouveau qui découle de son affaiblissement extérieur. Comme aucun retour en force de la religion n'est prévisible dans l'avenir à court et moyen terme, il faut faire face avec courage aux conséquences qui en découlent. Une première conséquence s'impose d'elle-même. Ne pouvant plus compter ni sur les mêmes ressources sacerdotales et religieuses ni sur les mêmes ressources matérielles qu'autrefois, l'Église doit déployer sous des modes renouvelés les ressources dont elle dispose. Les regroupements de paroisses, et peut-être aussi, éventuellement, de diocèses, ne pourront être évités. Il faudra de même disposer d'un grand nombre d'équipements qui ne sont plus requis.

---

30   *La Documentation catholique*, n° 2213, col. 950-951.

31   *La Documentation catholique*, n° 2211, col. 842-848.

Une disette de prêtres apparaissant inévitable, il faut envisager un nouvel aménagement des ministères et une nouvelle répartition des ressources, de manière que la mission puisse se poursuivre dans les meilleures conditions. Dans ce nouvel aménagement, une part importante devra être faite à la préparation et au soutien spirituel des laïcs. C'est surtout à eux, en effet qu'incombera la responsabilité de témoigner de la foi chrétienne dans une société où les prêtres se feront plus rares et où le prestige institutionnel de l'Église ne sera plus ce qu'il a déjà été. Ils ne pourront s'acquitter de cette tâche redoutable que s'ils trouvent au sein de la communauté ecclésiale le soutien et l'accompagnement spirituels nécessaires. Il faudra aussi faire en sorte que l'Église puisse continuer d'être présente aux besoins des pauvres et des membres plus faibles de la société. Il faut enfin que soit examinée dès maintenant la possibilité d'associer un plus grand nombre de laïcs à des fonctions ministérielles. On pourra difficilement éviter dans ce contexte de discuter de l'accession des femmes au sacerdoce et du célibat des prêtres. Même si ces questions devront éventuellement être résolues au niveau de l'Église universelle, il serait sain qu'elles donnent lieu en première étape à des débats sérieux au niveau des Églises diocésaines. À ceux qu'inquiète la perspective de tels débats, je réponds qu'il faut tout faire pour que naisse et s'exprime dans l'Église, en notre âge de démocratie ouverte, une véritable opinion publique, selon le vœu qu'exprimait naguère le pape Pie XII lorsqu'il affirmait qu'il manquerait quelque chose à la vie de l'Église si une véritable opinion publique était absente de sa vie et qu'il faudrait en imputer le blâme et aux pasteurs et aux fidèles[32].

Il faut souhaiter enfin que l'Église utilise à meilleur escient les moyens modernes de communication afin de faire entendre son message. Il est normal que les médias séculiers aient leurs propres initiatives en matière d'information religieuse. Mais l'information ainsi dispensée, en plus d'être sujette à diverses déformations, sera toujours inférieure aux besoins. Là où une bonne collaboration pourra être obtenue des organismes

---

[32]   Pie XII, « Adresse au Congrès international de la presse catholique », *La Documentation catholique*, 12 mars 1950, col. 322 et 327.

existants, il faudra y recourir dans toute la mesure du possible. Là où pareille collaboration ne sera pas disponible, il faudra inventer d'autres formes d'intervention.

Je termine ces réflexions par deux observations. En premier lieu, nous avons l'assurance — elle nous vient du Christ lui-même — que la foi sera présente dans le monde jusqu'à la fin des temps par l'intermédiaire de l'Église et sous toute autre forme qu'il plaira à l'Esprit saint de susciter. Un signe d'espérance nous vient à cet égard d'autres continents. Tandis que l'Église connaît de sérieuses difficultés dans les pays industrialisés, elle enregistre en effet des progrès encourageants en Afrique, en Asie et en Amérique latine. Si bien que le cardinal Paul Poupart, président du Conseil pontifical pour la culture, pouvait souligner il y a peu de temps que le nombre de prêtres a doublé en Afrique et en Asie et que le nombre de séminaristes à travers le monde était passé de 63 000 à 108 000[33]. La parole du Christ et ces données récentes doivent nous aider à nous garder de tout pessimisme excessif face à la situation actuelle de l'Église et du monde. En second lieu, nous savons par l'histoire qu'il n'est aucunement assuré que, là où l'Église a été implantée une fois, elle y sera pour toujours. Nous savons aussi par notre propre expérience que là où l'Église se heurte à des échecs ou à des reculs, la conduite de ses dirigeants et de ses membres n'est jamais totalement étrangère à ce qui lui arrive. Cela doit nous inciter à redoubler d'ardeur pour que, dans la mesure où elle aura besoin de nous, l'Église puisse compter sur notre engagement dans la nouvelle démarche d'*aggiornamento* qu'elle doit entreprendre afin d'être en mesure de mieux répondre aux besoins et aux attentes de l'humanité au seuil de ce troisième millénaire.

---

[33]   *Le Figaro Magazine*, 11 septembre 1999.

Quel avenir pour la foi?[1]

Nous devons d'abord reconnaître en toute humilité que nous ne pouvons pas prédire ce que sera l'avenir du catholicisme au Québec. Le théologien dominicain Jean-Marie Tillard, et l'historien français René Rémond nous rappellent tous deux, dans des livres récents, que l'Église catholique fut naguère florissante en Asie mineure et en Afrique du Nord mais qu'en dépit du rayonnement de personnalités aussi prestigieuses que saint Jérôme et saint Augustin, il ne subsiste plus aujourd'hui dans ces pays que de pâles survivances de cette gloire passée[2]. L'histoire nous enseigne ainsi que, si l'Église a reçu de son Fondateur la promesse de l'indéfectibilité, elle n'a reçu de lui ni la promesse du succès assuré ni celle de la durée indéfinie dans tous les lieux où elle s'implante. Nous savons qu'elle sera là à la fin mais nous ne savons pas si elle sera toujours présente dans tel ou tel pays, y compris le nôtre. Nous ne savons pas davantage si elle regroupera lors de la deuxième venue du Seigneur un grand nombre de fidèles ou un nombre restreint d'élus. Toutes ces questions ont été laissées sans réponse dans le message révélé. C'est comme si Dieu, dans sa sagesse insondable, avait voulu que son Église avance dans une certaine obscurité afin qu'elle même et ses membres demeurent en état de veille jusqu'au dernier jour.

[1] Extraits de la conférence prononcée le 25 avril 2001 à l'église Saint-Benoît de Montréal, sous les auspices de l'équipe Coup de cœur de Radio Ville-Marie.

[2] J.-M. TILLARD, *Je crois en dépit de tout*, Paris, Cerf, 2000; R. RÉMOND, *Le christianisme en accusation*, Paris, Desclée de Brouwer, 2000.

À travers l'histoire, les succès de l'Église ont été nombreux. Mais leur durée a généralement été éphémère, de sorte qu'aucun modèle historique de succès, y compris celui que nous avons connu au Québec, ne peut être considéré comme représentant un modèle incontournable. L'expérience récente de plusieurs pays européens nous apprend aussi que, là où le christianisme, après avoir été longtemps la religion du peuple, a été répudié ou mis au rancart par celui-ci, la reprise doit se faire sous des formes à la fois modestes et graduelles, à la manière du grain jeté en terre, lequel doit être enfoui dans le sol avant de porter du fruit. Si ces indications sont justes, nous devons nous préparer à un travail de longue haleine et éviter toute illusion facile quant à des chances fort improbables de retour prochain à un ordre de choses comme celui qu'ont connu les plus anciens d'entre nous. Le catholicisme demeure, pour les fins des sondages et des recensements officiels, la religion à laquelle continuent de s'identifier la majorité des Québécois. Mais en pratique, la distance qui s'est installée entre l'enseignement de l'Église et la culture quotidienne de la population fait de l'Église non plus la puissance morale dominante qu'elle a longtemps été dans notre vie collective, mais une force spirituelle et morale plus modeste, appelée à agir sur l'opinion concurremment avec plusieurs autres foyers d'influence. Dans ce nouveau contexte, des ajustements majeurs devront intervenir dans la conception que l'Église se fait de son rôle au sein de la société, dans son organisation concrète, dans son discours public et dans la conception de leur rôle respectif par chacun de ses membres.

En premier lieu, il semble bien, nous dit l'historien René Rémond, que les jours où l'Église pouvait apporter des réponses à toutes les questions que se pose l'humanité ne reviendront pas[3]. Le soin d'apporter des réponses à des questions sans cesse plus nombreuses et plus complexes reviendra de plus en plus à diverses disciplines humaines. L'Église devra pour sa part se situer sur son terrain propre, qui est celui des rapports entre le mystère de Dieu et le cœur de l'homme, et éviter de faire croire que la religion

---

3   R. RÉMOND, *op. cit.*, p. 46-47.

possède des réponses toutes faites à des questions pour lesquelles elle n'a pas compétence. Le défi de demain consistera à faire en sorte que la foi religieuse puisse s'harmoniser heureusement avec la libre exploration de la vérité par les voies de la discussion publique, de la recherche scientifique et de la création artistique.

Au chapitre de l'organisation, une institution qui réussit à regrouper chaque semaine 15% de ses membres autour d'au moins une de ses activités n'a pas à se sentir inférieure à d'autres formes d'association qui éprouvent également des difficultés à regrouper régulièrement leurs membres. Dans les syndicats regroupant des milliers de membres, dans les caisses populaires et les partis politiques, par exemple, le taux de participation des membres aux assemblées ordinaires est le plus souvent inférieur à 15%. L'Église s'était néanmoins habituée au Québec à des taux de participation beaucoup plus élevés et avait mis au point un dispositif organisationnel correspondant. Elle a déjà dû depuis quelques années réduire sensiblement l'ampleur de ce dispositif. Loin d'être terminé, ce processus de gestion de la décroissance est appelé à se poursuivre jusqu'à ce qu'un nouvel équilibre viable ait été trouvé entre la demande et l'offre de services. Il a déjà fallu remettre entre les mains de l'État ou de la société civile la responsabilité de maintes œuvres éducatives ou charitables dont le clergé et les communautés eurent naguère la direction. Il faudra aussi accentuer le mouvement vers le regroupement des paroisses en des entités plus viables. Pour faire face à la disette des vocations, il faudra également envisager la multiplication de ministères pouvant être exercés par des laïcs ou des religieux non-prêtres. Tout en convenant que pareille décision est la responsabilité de l'autorité compétente, je suis de ceux qui souhaitent un élargissement des normes en vigueur pour l'admission à la prêtrise.

Quoi qu'il en soit, il faut souhaiter que l'Église reste capable d'offrir les services religieux de base à la population dans tous les points du territoire du Québec. Il faut qu'elle soit en mesure de procurer un peu partout des lieux où les croyants pourront se retrouver régulièrement afin de prier et d'adorer Dieu, de mieux s'instruire de leur religion et de chercher ensemble comment assurer le rayonnement de leur foi. La paroisse semble appelée à demeurer l'unité de base à cette fin. Elle devra cependant être un lieu d'expérience spirituelle plus authentique pour ses membres. Elle devra pouvoir compter davantage sur leur soutien financier. Chaque paroisse devra aussi se doter d'initiatives visant à la rapprocher des personnes qui ne sont pas dans le giron.

Au chapitre du discours, aucune contrainte juridique n'empêche l'Église de s'acquitter à temps et à contretemps de sa mission première, qui est de proclamer la Bonne Nouvelle de l'Évangile et de prolonger la mission du Christ dans le monde. Nous avons lieu de nous réjouir de la liberté étendue dont les familles religieuses disposent à cet égard dans une société démocratique comme la nôtre. Mais cette liberté entraîne en retour de lourdes responsabilités pour les personnes qui ont à transmettre le message. Celui-ci aura d'autant plus de chances d'être entendu et d'exercer une influence en profondeur qu'il s'imposera par la qualité de la réflexion sur laquelle il s'appuie et une bonne maîtrise des moyens utilisés et qu'au lieu de multiplier les condamnations, il fera appel à la conscience et à la responsabilité personnelle. Un relèvement général de la qualité du discours religieux m'apparaît nécessaire à tous les niveaux, en particulier au niveau de la famille, de la paroisse et de l'enseignement religieux. Ce relèvement pourrait être grandement facilité par une attention plus active à la promotion d'une culture religieuse solide chez les membres de l'Église et par le développement, au sein des paroisses et des diocèses, d'un climat plus propice à la libre discussion entre pasteurs et fidèles. Le pape actuel nous donne par ailleurs l'exemple du rôle majeur que les médias modernes sont appelés à jouer pour la diffusion du message chrétien. Par l'utilisation soutenue qu'il a su faire des médias, Jean-Paul II a fait de la papauté, selon une expression récente du *New York Times*, « la tribune morale la plus importante de l'univers ». À un niveau plus modeste, je suis heureux de souligner le rôle très utile que jouent au Québec même de nombreuses publications religieuses qui ont su prendre le virage de la modernité. Je souligne aussi l'apport inédit de Radio Ville-Marie, station à caractère religieux, d'inspiration chrétienne et œcuménique, créée et entièrement dirigée par des laïcs, grâce à laquelle on peut entendre chaque jour sur les ondes des voix et des sons qui parlent de Dieu.

Le dépouillement plus grand dans lequel doit se déployer l'action de l'Église présente pour celle-ci un avantage non négligeable, celui de pouvoir faire entendre avec plus de liberté la voix de l'Évangile dans les débats relatifs à l'organisation de la société humaine. Étant moins associée aux grandes décisions, n'ayant plus un rôle dominant dans les institutions sociales, l'Église peut plus librement témoigner de son souci prioritaire pour les faibles, les exclus, les pauvres. Elle le fait déjà très bien par le soutien que nombre de communautés et de chrétiens individuels apportent à des organismes communautaires. Tout en évitant de s'identifier avec des partis politiques, elle doit aussi se sentir libre de le faire plus souvent sous la forme d'interventions publiques en faveur d'un plus grand respect de la dignité humaine dans l'économie et d'une justice plus grande dans la société.

Nous avons parlé jusqu'à maintenant de l'organisation extérieure de l'Église et de la diffusion de son message par ses porte-parole autorisés. Mais l'Église est aussi l'affaire de tous ses membres, non seulement du pape, des évêques et des prêtres. Que pouvons-nous faire, à titre de membres individuels de l'Église, pour contribuer à son renforcement? Ma réponse à cette question tient en quelques propositions très simples.

Nous devons en premier lieu être des membres fidèles et aussi actifs que possible au sein de la communauté ecclésiale. L'Église doit s'imposer à l'attention de nos contemporains non seulement par la qualité de son message mais aussi par la qualité de la participation de ses membres à sa vie et à ses projets. Cette participation peut se réaliser de différentes manières, selon la situation et les moyens de chacun. Mais elle est une condition indispensable de vitalité pour l'Église.

Non moins important est le témoignage que nous devons donner par l'exemple de nos actes et de notre conduite quotidienne dans nos milieux respectifs. « Une seule petite action faite pour l'amour de Dieu contre notre inclination naturelle, écrit Newman, soit pour réagir à une insulte, soit pour faire face à un danger, soit pour renoncer à un privilège, détient en elle-même un pouvoir d'influence plus grand que toutes les grandes professions de foi, avec les vains mots dont elles s'entourent ». « Il est difficile, ajoute d'un même souffle le grand spirituel anglais, de réaliser le pouvoir moral qu'une seule personne, ayant appris à mettre en pratique ce qu'elle prêche, peut exercer à la longue dans son milieu de vie[4]. » De manière générale, chaque chrétien est appelé à témoigner de sa foi par l'engagement consciencieux et compétent dans ses tâches de chaque jour. Telle est la vocation propre du laïc chrétien. S'il n'assume pas cette vocation, nous prévient le deuxième concile du Vatican, nul ne pourra le faire à sa place. Très importante pourrait être dans cette perspective la présence de chrétiens à l'esprit créateur dans les milieux mêmes où se fabriquent les messages qui traduisent la culture d'aujourd'hui. De manière plus générale, rappelons ce que Newman disait déjà au milieu du XIXe siècle, à savoir que l'Église aura de plus en plus besoin, dans tous les milieux, de laïcs avertis de leur religion et qui seront capables de la présenter et de la défendre sous son vrai jour.

* * *

Héritier d'une riche tradition religieuse, le Québec est devenu en moins d'une génération la province canadienne qui a le taux le plus élevé d'avortement, de divorce et de suicide chez les jeunes. Ces faits — et bien d'autres dont nous sommes témoins — confirment le déclin moral qui a suivi le déclin institutionnel de la religion dans notre société. Même si ce n'est pas là sa mission première, la religion est en effet un pilier moral dans une société au sein de laquelle on lui reconnaît sa juste place. Là où se produit un rejet massif de la religion, il y a de fortes chances que l'on soit aussi témoin d'un recul de la morale tout court.

Mais les racines religieuses de notre population sont loin d'être mortes. Elles suscitent encore des actes inédits de générosité et de dévouement. Ayant été proche d'une personne décédée

---

4   J. H. NEWMAN, *Fifteen Sermons Preached Before the University of Oxford Between A.D. 1826 and 1843*, University of Notre Dame Press, 1997, p. 93-94.

récemment à la suite d'une longue et douloureuse maladie, j'ai vu cette personne très attachée à la vie s'en détacher progressivement avec une sérénité et un calme qui ont dû faire plaisir à Dieu. J'ai aussi vu la fille de cette femme faire montre à l'endroit de sa mère d'une sollicitude admirable qui est allée jusqu'à l'accueillir chez elle pour les dernières semaines de sa vie. Je ne sais pas si cette personne assiste à la messe tous les dimanches. Mais sa conduite m'est apparue très proche du plus pur esprit évangélique.

Notre société est en outre porteuse de valeurs propres qui sont capables d'inspirer des comportements nobles et généreux. Pensons par exemple au respect accru dont sont l'objet de nos jours les droits et libertés de la personne. Au lieu de condamner et de juger, nous aurions profit à prendre à notre compte maintes aspirations nouvelles dont notre société est porteuse et à traduire ces aspirations en des actes inspirés à la fois de notre foi et de ce qu'il y a de bon dans la culture de notre temps. Nous éviterions ainsi de sombrer dans un négativisme stérile à l'endroit du monde qui nous entoure. Faisons revivre l'esprit de l'Évangile dans nos attitudes et dans notre conduite quotidienne. Et nous sèmerons peut-être du même coup le germe de ce qui pourrait devenir avec le temps une vraie renaissance de cette Église-institution qui a besoin de se réformer sans cesse mais dont la présence dans le monde est plus que jamais nécessaire pour le maintien et la culture d'une foi éclairée et droite.

III
Questions sur l'Église

La pertinence de l'Église dans le monde d'aujourd'hui[1]

Nous avons vécu en 2003, comme catholiques, une année faste au cours de laquelle la personne du pape Jean-Paul II a de nouveau été au centre de l'actualité mondiale. À l'occasion du 25e anniversaire de son élévation au souverain pontificat, Jean-Paul II a été salué à travers le monde comme l'une des voix morales les plus imposantes de notre temps et comme l'une des figures les plus importantes du dernier siècle. Selon le « columnist » David Brooks, du *New York Times*, le travail incessant de Jean-Paul II au service du rapprochement entre les peuples et du règlement pacifique des conflits aurait dû lui valoir cette année le Prix Nobel de la paix. Car cet homme, ajoutait-il, « a exercé une influence profonde sur un plus grand nombre d'êtres humains que toute autre figure de notre époque ». Mais Jean-Paul II, écrivait David Brooks, lequel n'est pas catholique, ne remportera jamais le Prix Nobel « parce qu'il est à fois trop grand et trop complexe pour entrer dans les catégories de ceux qui président à l'attribution de telles distinctions ». Le prix Nobel de la paix a été décerné cette année à madame Sbirin Ebadin, d'Iran, dont le travail courageux au service des droits humains méritait d'être souligné. Mais, poursuit Brooks, quand on écrira l'histoire des années actuelles, Jean-Paul II sera reconnu « comme

---

[1]   Causerie prononcée à Boucherville le 26 octobre 2003 à l'occasion d'un brunch-bénéfice tenu sous les auspices de la Fondation Gérard-Marie Coderre, du diocèse de Saint-Jean-Longueuil.

le géant de notre époque, comme celui qui aura le plus fait pour mettre la démocratie et la liberté au service des idéaux humains les plus élevés[2]. »

Par sa défense incessante des droits humains, par le rôle-clé qu'il a joué dans l'affaissement sans violence du communisme en Pologne et dans plusieurs autres pays, par ses appels répétés au rapprochement des parties et à la conciliation dans les conflits internationaux, son rappel constant de l'importance des valeurs religieuses et morales, Jean-Paul II a donné à l'Église catholique une autorité et une pertinence accrue aux yeux de l'opinion mondiale. Il n'a d'ailleurs pas été le seul à agir dans ce sens. On pourrait citer de très nombreux chrétiens, des évêques, des prêtres, des religieux et de laïcs qui se sont aussi illustrés à notre époque par leur engagement courageux au service des valeurs humaines les plus élevées. Cet engagement a été consacré dans le cas de plusieurs de ces témoins par le don de leur vie.

L'Église n'occupe plus dans le concert des nations la position dominante qui fut la sienne dans les siècles de chrétienté. Mais par le leadership moral du pape et de nombreuses voix catholiques, par ses innombrables œuvres caritatives, éducatives et sociales, par le nombre imposant de ses membres baptisés, elle est de nos jours la plus imposante et la plus universelle des grandes familles religieuses du monde. Comme toutes les autres religions, elle bénéficie aussi d'une rentrée en scène des valeurs religieuses qu'on constate dans de nombreux pays. Cette réémergence des valeurs religieuses ne se traduit pas nécessairement par le retour aux pratiques religieuses traditionnelles. Elle est cependant confirmée par divers sondages selon lesquels cinq êtres humains sur six déclarent croire en l'existence de Dieu. Même au Québec, la proportion des répondants qui, à l'occasion de sondages, affirment croire en Dieu et réserver dans leur vie des moments pour la prière, est très élevée. Pour compléter le côté positif du tableau, l'Église catholique, malgré des reculs évidents, demeure au Québec la forme d'association qui réunit

---

[2]   *New York Times*, 20 octobre 2003.

chaque année le plus grand nombre de personnes et qui compte probablement à son service le plus grand nombre de bénévoles.

Il y a ainsi des aspects positifs dans la situation présente de la religion en général et de l'Église catholique en particulier dans le monde. Il y a aussi des aspects moins encourageants. En même temps qu'étaient relatées dans ses pages les cérémonies qui marquaient à Rome le 25e anniversaire du pontificat de Jean-Paul II, le *New York Times* publiait un reportage d'un de ses correspondants sur la situation religieuse à Rome, dans la ville même du pape. Or, le tableau que brosse le reporter du *New York Times* ressemble beaucoup à celui que pourrait tracer un journaliste d'ici sur la situation de l'Église au Québec. Nés et formés dans la religion catholique, les Italiens portent dans leur culture la marque du catholicisme. La très grande majorité se déclarent catholiques au recensement. Ils aiment se retrouver dans une église à Noël et à Pâques. Un grand nombre se marient encore à l'église, y font baptiser leurs enfants et veulent y avoir leurs funérailles. Mais tandis que naguère, le catholicisme imprégnait toute leur vie, leurs pensées, leurs habitudes et leurs manières d'agir sont désormais façonnées par des sources séculières. Ils sont restés religieux de nom mais leurs valeurs baignent dans un univers où, sans être nécessairement exclue, la religion n'est plus qu'une valeur parmi bien d'autres, une valeur qui doit valoir surtout pour la vie privée, qui doit interférer le moins possible avec la vie économique, culturelle et politique, et dont l'appréciation doit être laissée au jugement particulier de chaque personne. Le reporter du *New York Times* a rencontré des Romains qui participent activement à la vie de l'Église. Parmi ces personnes, plus nombreuses sont cependant celles qui disent avoir pris leurs distances vis-à-vis de l'Église. Sur un plan plus large, nous devons également éviter de nous laisser induire en illusion par diverses données indiquant que la foi en Dieu est toujours très répandue dans le monde et qu'il y aurait même ces années-ci une renaissance de la ferveur religieuse dans plusieurs pays. La foi en Dieu revêt en effet des significations très différentes selon les personnes et elle est parfois fort éloignée de la foi en un Dieu personnel unique et transcendent que professe le christianisme.

Ce paradoxe d'une religion dont le leadership moral a semblé augmenter à l'échelle de la planète tandis que la vie de ses propres membres semble s'en distancer décrit bien à mon avis la situation de l'Église dans les sociétés industrialisées. Si l'on en juge par la vitalité dont elle témoigne dans les continents en développement où vit une forte majorité de l'humanité, ses perspectives d'avenir ne sont pas aussi sombres que certains le suggèrent. Elle a néanmoins subi des reculs importants dans les sociétés industrialisées au cours des dernières décennies et elle apparaît dans plusieurs pays comme une institution en perte de vitesse.

Comment faire en sorte que l'Église soit davantage pertinente dans le monde d'aujourd'hui? Comment faire en sorte que le rayonnement moral dont elle jouit à l'échelle mondiale soit enrichi et rendu plus solide et plus durable par sa vitalité interne dans les sociétés où elle est implantée, à commencer par la nôtre? Telle est la question au sujet de laquelle il a y lieu de s'interroger.

Le défi des années à venir

Reconnaissons d'abord qu'aucun signe ne nous permet d'anticiper un retour en force prochain de l'Église. Nous devons au contraire nous habituer à vivre comme si, après avoir longtemps été la religion de tout le monde, l'Église devait être réduite à une position minoritaire pour un temps indéfini. De par sa nature même, le message chrétien sera toujours une source d'objection aux yeux du monde, car le monde rejette l'idée même de la croix qui est, selon la belle expression du Newman, le cœur du christianisme. Il est cependant encore plus difficile pour le message chrétien d'influencer les esprits lorsque le contexte institutionnel et social se prête moins bien à sa diffusion. Mgr Gérard-Marie Coderre avait coutume de dire que, le jour où la religion serait évacuée des écoles, la présence de l'Église dans la société en serait gravement affectée. En une génération à peine, le système d'enseignement a été vidé à toutes fins utiles de son caractère confessionnel. Il en a été de même des médias, où la religion est trop souvent reléguée à une place marginale, parfois même caricaturale. Les résultats confirment ce qu'avait prévu Mgr

Coderre. Une forte partie de la nouvelle génération issue de ces changements ne connaît à peu près rien de la religion.

Une tâche de nouvelle évangélisation, de formation en profondeur qui exigera beaucoup de temps, doit ainsi être envisagée par ceux qui ont à cœur l'avenir du christianisme. Nous devons éviter, cependant, de nous laisser gagner par le pessimisme et le défaitisme. Dans la politique, les périodes les plus fécondes dans la vie d'un parti sont souvent celles où il est renvoyé dans le désert de l'opposition. L'épreuve peut être l'occasion, pour toute organisation, y compris l'Église, de se dépouiller de ses vieilles habitudes et de revenir à ses valeurs fondamentales. Elle peut aussi être l'occasion pour elle de se familiariser davantage avec des valeurs nouvelles auxquelles elle n'avait pas été assez attentive. La nouvelle culture qui a poussé sous nos yeux au cours des dernières décennies heurte souvent nos façons de voir. Mais elle n'est pas nécessairement mauvaise pour autant. Elle véhicule aussi nombre de valeurs bonnes en soi, telles le respect de la responsabilité individuelle, la générosité, le souci de l'authenticité, l'ouverture à l'autre, l'esprit de solidarité, le goût de la démocratie, l'amour de la justice. C'est en accueillant ces valeurs avec un esprit ouvert que nous pourrons rendre notre foi davantage pertinente aux yeux des nouvelles générations.

La vie associative dans l'Église

La pertinence de l'Église dans la société de demain dépendra en second lieu de la qualité de la vie qu'elle saura développer à l'intérieur de ses propres rangs. N'étant plus reconnue comme une puissance souveraine dans la grande majorité des pays, l'Église est considérée un peu partout comme appartenant à la catégorie des associations dites non-gouvernementales. Elle sera de plus en plus perçue et analysée à la lumière des critères dont on use pour juger de la valeur de telles associations. Quelles sont la provenance et la teneur de son message? Qui sont ses membres? D'où proviennent-ils? Quelle part prennent-ils à sa vie? Quel compte y tient-t-on de leurs opinions? Comment s'y prennent les décisions? Comment y traite-t-on les collaborateurs? Comment on y respecte-t-on les idéaux de liberté et d'égalité définis dans les chartes de droits et libertés dont l'Église se fait volontiers la championne? Quelles sont ses sources de revenus? Comment utilise-t-elle ses ressources? Quel est son apport à la qualité de vie dans la société? Lorsque ses porte-parole interviennent dans les débats publics, le font-ils de leur propre chef ou après consultation et moyennant certaines règles? Leurs interventions sont-elles toujours le reflet fidèle des valeurs vécues par leurs membres? Quelle place y fait-on à la libre discussion et à la dissidence? Comment y évalue-t-on la performance des dirigeants? Quels recours peuvent y être invoqués par les membres qui estiment avoir été victimes d'erreur ou d'injustice? Des questions de cette nature sont de plus en plus souvent adressées à l'Église par les médias, les spécialistes des sciences humaines et les observateurs. L'Église peut certes soutenir que son caractère particulier l'oblige à apporter des réponses qui ne sauraient être celles d'un organisme purement séculier. Dans le climat d'aujourd'hui, où une transparence accrue est exigée de toute organisation, la crédibilité de l'Église sera d'autant plus grande qu'elle acceptera de répondre avec franchise et clarté aux questions qui lui sont adressées sur la place publique en tout ce qui touche les aspects humains de son fonctionnement. Elle doit aussi viser à associer ses membres à la recherche des améliorations souhaitables dans son fonctionnement.

Une tâche propre aux laïcs

Dans le contexte de chrétienté que le Québec a connu jusqu'en 1960, l'Église occupait une place prééminente. La plupart des grands événements étaient marqués par des cérémonies religieuses. Aux jours de fête, les chefs religieux figuraient en bonne place à côté des dirigeants politiques dans les célébrations civiles. Les interventions publiques des chefs ecclésiastiques avaient souvent de lourdes conséquences. Il suffit un jour d'une sévère remontrance de l'archevêque de Québec pour que le président d'Hydro-Québec, après avoir tenu des propos hostiles au clergé, se voie forcé d'abandonner son poste. L'Église avait alors un mot important à dire dans les affaires syndicales, les associations, l'enseignement, les services de santé et les services sociaux, les médias, les caisses populaires, et même la politique. Mais aujourd'hui, sa présence dans ces secteurs est très réduite.

Certains considèrent cette situation comme un mal. On peut au contraire voir dans ce contexte nouveau un défi stimulant pour l'Église. Si elle pose des limites au rôle du clergé et des autorités religieuses, la situation que nous connaissons maintenant ouvre en effet un champ d'action très large pour les laïcs chrétiens, lesquels sont aussi l'Église. « La mission de l'Église, nous dit Vatican II, n'est pas seulement d'apporter aux hommes le message du Christ et de sa grâce mais aussi de pénétrer et de parfaire par l'esprit évangélique l'ordre temporel. » Celui-ci embrasse, comme le précise le décret conciliaire sur l'apostolat des laïcs, « les biens de la vie et de la famille, la culture, les réalités économiques, les métiers et les professions, les institutions de la communauté politique, les relations internationales et les autres réalités du même genre ». Or, toujours suivant le concile, le renouvellement de l'ordre temporel à la lumière de l'Évangile est la « tâche propre des laïcs ». Il revient aux pasteurs, dit le concile, « d'énoncer les principes concernant les finalités de la création et l'usage qui doit être fait du monde » mais il revient aux laïcs d'agir dans ces domaines « par eux-mêmes, suivant leur compétence particulière et en assumant leur propre responsabilité[3] ». Il m'est apparu, en étudiant l'enseignement social de l'Église, que cet enseignement attache une importance privilégiée à l'engagement des laïcs dans la famille, les milieux de travail, le monde de la culture et la vie politique.

Pour répondre aux exigences de leur vocation, les laïcs chrétiens ne doivent toutefois pas se contenter d'une présence plus ou moins neutre dans leur milieu de vie. Ils doivent au contraire donner le témoignage d'une présence active et engagée. Cette présence doit se manifester d'abord par la fidélité créatrice de chaque personne à son devoir d'état immédiat là où elle est placée pour œuvrer quotidiennement. La présence au devoir d'état implique concrètement une double exigence. Premièrement, comme le souligne Vatican II, elle requiert que le laïc agisse au

_NB_

3   VATICAN II, « Décret sur l'apostolat des laïcs », dans _Les seize documents conciliaires, op. cit._, par. 7.

sein de l'ordre temporel en y respectant fidèlement les exigences propres à chaque forme d'activité et y pratique de son mieux les vertus naturelles de compétence, d'efficacité, de justice, d'intégrité, de bon jugement et de prudence que commande la nature de la tâche à accomplir. Deuxièmement, le laïc chrétien a la mission redoutable de faire rayonner dans son milieu l'esprit évangélique, lequel l'invite à aller au-delà des vertus naturelles, à voir dans chaque personne un frère ou une sœur en Jésus Christ, à s'oublier jusqu'au don de soi dans les service d'autrui et à pardonner au lieu de chercher vengeance.

Les laïcs sont aussi appelés à témoigner de leur foi dans les milieu de vie. Ils n'ont pas toujours, cependant, la formation qu'il faudrait à cette fin. Dans les milieux de travail, dans les milieux politiques, dans les journaux et les émissions de radio et de télévision, voire dans les conversations les plus banales, des sujets comme la moralité sexuelle, le mariage, les unions homosexuelles, la place de la religion dans l'école, le rôle du pape, le célibat des prêtres et l'ordination des femmes, sont fréquemment soulevés. Faute d'information suffisante et parce qu'ils ont été trop habitués à se fier sur les clercs pour traiter de sujets moraux ou religieux, de nombreux laïcs se sentent démunis lorsque des discussions sur ces sujets s'élèvent dans leur famille, leur milieu de travail ou leur milieu social. Tandis que d'autres tiennent des propos souvent faux et injustes, ils sont conscients que quelque chose devrait être dit mais ils n'osent pas le dire soit par timidité, soit parce qu'ils ne sont pas sûrs de pouvoir dire les choses qu'il faudrait. Un vigoureux effort de redressement s'impose à cet égard. Nous sommes à l'ère de la formation continue, de la formation qui doit se poursuivre sans cesse. Cette exigence de notre temps vaut aussi pour la formation religieuse. Il faut viser par une catéchèse adaptée à ce que les catholiques soient mieux avertis des vérités de la foi. Dans le contexte d'aujourd'hui, une connaissance plus approfondie la Bible est indispensable. Étant donné la vocation propre des laïcs à l'égard des réalités temporelles, une meilleure diffusion de l'enseignement social de l'Église dans les communautés chrétiennes m'apparaît aussi comme une nécessité. Pour être à la hauteur de sa mission, le laïc chrétien d'aujourd'hui devrait viser à être aussi bien informé en matière religieuse qu'il désire l'être dans les domaines qui l'intéressent vraiment. La personne mieux avertie est moins encline à l'abstention lorsque s'élève une discussion sur des sujets qu'elle connaît. La présence dans les milieux profanes de laïcs pleinement engagés qui imposent le respect de leurs valeurs d'abord par leur présence à leur devoir d'état mais aussi au besoin par une parole bien informée est le meilleur remède qui puisse être envisagé à une tendance très répandue qui consiste à traiter avec désinvolture et impertinence les sujets reliés à la religion et à la morale.

L'Église et les débats de société

L'Église a le droit d'intervenir dans les débats touchant la vie de la société. À son titre d'association libre de personnes, ce droit lui est reconnu dans toute société démocratique. Sa mission d'enseignement lui fait même un devoir d'intervenir sur la place publique car son message doit être adressé non seulement à ses membres mais à toute personne de bonne volonté. Il ne suffit pas cependant d'affirmer le droit de l'Église d'intervenir. Il faut surtout examiner dans quelles conditions et suivant quelles modalités ce droit peut être exercé avec le maximum de pertinence et d'efficacité. Je voudrais soumettre à la réflexion quelques observations concernant les interventions publiques faites au nom de l'Église dans les domaines qui touchent l'organisation et le fonctionnement de la société temporelle.

1) Tout d'abord, ces interventions sont non seulement légitimes mais nécessaires. Il n'appartient pas à l'Église de dicter comment la société politique ou l'économie doivent être organisées. Il lui incombe cependant d'intervenir partout où sont en jeu les valeurs morales et religieuses, au sens large et non pas au sens étroit du terme. Dans la mesure où elle intervient en conformité avec les lois légitimes, c'est en outre à elle, et non à l'autorité politique ou aux gardiens de l'orthodoxie ambiante (*political correctness*) qu'il appartient de choisir les sujets sur lesquels elle doit intervenir et la manière dont elle doit en traiter. La seule réserve à ceci, c'est que, dans une société pluraliste, l'Église doit

accepter que ses interventions publiques soient publiquement discutées, voire contestées, et se montrer disposée à engager le dialogue à ce niveau.

2) En principe, toute personne, toute association qui veut défendre sur la place publique des positions inspirées de principes chrétiens devrait être libre de le faire. Il est même souhaitable que les valeurs morales et religieuses soient défendues le plus souvent possible à ce niveau que j'appellerais intermédiaire. Mais les personnes et les associations qui estiment devoir intervenir ainsi devraient le faire sous leur seule responsabilité, en prenant soin de préciser au besoin qu'elles n'engagent qu'elles mêmes, en évitant de donner l'impression qu'elles se considèrent comme les détenteurs exclusifs de la vérité et en demeurant conscientes que le souci de l'unité ne doit jamais leur être étranger. Le droit d'intervenir d'une manière qui engage la communauté doit être réservé à l'évêque et aux personnes ou organismes qu'il désigne à cette fin. Ce droit découle de la mission des chefs religieux et d'une règle d'unité indispensable à la bonne marche de l'Église.

3) Assez paradoxalement, je serais porté à dire que la première manière dont les chefs religieux devraient exercer leur droit d'intervention dans les débats publics, ce serait de favoriser le développement d'un intérêt plus grand pour les questions d'intérêt public à l'intérieur même de l'Église. Il n'existe guère de tribunes à l'heure actuelle où les membres de l'Église soient invités à échanger leurs vues sur des sujets d'actualité. Les sujets les plus brûlants sont abordés en haut lieu sans même que les fidèles aient été invités à en discuter. Il n'est pas étonnant, dans ces conditions, que les interventions faites par les chefs religieux n'aient pas toujours les répercussions souhaitées. Tout en étant conscient des risques de division qui peuvent en découler, je souhaiterais qu'il y ait dans chaque diocèse, ainsi qu'à l'échelle québécoise et canadienne, des comités des affaires publiques, formés de personnes compétentes et impartiales, chargés de suivre la marche de la société, de préparer des dossiers à l'intention des communautés locales et des personnes intéressées et de soumettre des recommandations appropriées à l'autorité diocésaine. Ces comités devraient logiquement être consultés avant toute in-

tervention faite au nom de l'Église dans des dossiers touchant la marche de la société.

4) Les interventions faites au nom de la communauté devraient être conçues de manière à respecter la légitime diversité de vues qui peut exister à l'intérieur de la communauté catholique sur un sujet donné. L'Église reconnaît que les laïcs doivent disposer d'une grande liberté dans le choix de leurs opinions politiques. Ses chefs doivent tenir compte de cette diversité quand ils envisagent une intervention qui doit engager toute la communauté. Ils ne doivent pas craindre de contrer si nécessaire les vues de certains catholiques. Mais ils ne devraient le faire qu'après s'être informés des raisons qui incitent ces personnes à penser autrement et avoir d'abord cherché à établir un consensus le plus inclusif possible.

5) Lorsqu'elles doivent porter sur des sujets reliés à la vie de la société temporelle, pour les affaires de laquelle une responsabilité propre incombe aux laïcs et pour lesquelles ceux-ci possèdent une expérience qui fait généralement défaut aux clercs, les interventions faites au nom de la communauté catholique devraient de plus en plus être faites après consultation auprès des membres de la communauté. L'expérience a montré que les interventions faites sans l'implication de la communauté ont des répercussions limitées. Lorsque, dans une association, un décalage trop prononcé existe entre les positions des dirigeants et les opinions et intérêts des membres, il en découle inévitablement un discrédit pour l'association.

6) Les sujets sur lesquels l'Église peut être appelée à intervenir dans les débats publics au nom des valeurs morales et religieuses sont nombreux. Mais ils sont aussi, pour la plupart, complexes et en rapide évolution. Il en découle, pour ceux qui veulent intervenir dans les débats, y compris pour les intervenants religieux, avant même qu'ils entreprennent de définir des positions, le devoir d'établir d'abord une problématique précise et rigoureuse autour du sujet dont ils veulent traiter. Pareille problématique ne peut être établie qu'avec l'aide des meilleures sources, tant du côté de la documentation disponible que des

experts et des milieux immédiatement concernés. En outre, ceux qui interviennent ne peuvent pas en général se contenter de critiquer. Ils doivent aussi s'efforcer de tenir des propos constructifs. Mais dès qu'ils s'engagent sur le terrain des solutions concrètes, ils entrent en territoire plus mouvant et il leur est de moins en moins loisible d'invoquer des raisons purement religieuses à l'appui de leurs positions. D'où la responsabilité qui leur incombe de demeurer ouverts à la critique et à la libre discussion, d'écouter les opinions des autres intervenants et de tenir un discours qui, tout en étant clair et ferme sur les principes, ne ferme pas la porte à des échanges constructifs avec d'autres intervenants.

7) Le suivi des interventions publiques de l'Église devrait être mieux assuré dans ses propres rangs. À ma connaissance, la grande majorité des interventions publiques faites au nom de la communauté catholique donnent lieu à un suivi fort limité. Au mieux, on prend acte de l'intervention et on revient aussitôt ensuite aux affaires ordinaires comme si de rien n'était. Tel est surtout le cas des interventions portant sur des sujets reliés à la vie économique, sociale et politique. Des pans importants de la vision chrétienne du monde passent ainsi inaperçus aux yeux des membres de la communauté, lesquels n'en sont pas davantage saisis par la presse séculière. Il incombe à l'Église de se doter de mécanismes qui permettront de mieux informer ses membres propres des interventions faites en leur nom.

Conclusion

Le contexte extérieur dans lequel elle est appelée à agir n'est pas indifférent pour l'Église. Elle préfère d'emblée un contexte institutionnel, culturel et politique favorable. Mais elle a été habituée dans sa longue histoire à vivre dans des conditions défavorables. Le défi auquel elle fait face aujourd'hui est peut-être le plus difficile auquel elle ait été affrontée. Ce défi est celui de la sécularisation de la culture, c'est-à-dire de l'émergence d'une culture qui tend à apporter des réponses aux goûts, aux inquiétudes et aux aspirations des êtres humains sans faire référence à la dimension religieuse. Newman entrevoyait cette éventualité dès le milieu du XIXᵉ siècle. Le grand péril de l'époque qui vient, disait-il, sera celui de l'infidélité, c'est-à-dire de cet esprit selon lequel toutes choses doivent être comprises selon la raison et non selon la foi, et selon lequel toute vérité, y compris les vérités religieuses, doit être soumise au crible de la seule science humaine. Il n'y aurait plus de place dans une telle culture pour la dimension religieuse. Si cela devait se produire, ajoutait Newman, ce serait la première fois dans toute son histoire que le christianisme serait appelé à faire l'expérience d'un monde d'où la religion aurait été évacuée. On peut invoquer certaines données récentes pour soutenir que nous n'en sommes pas encore là, fort heureusement, et que la foi reste très vivante dans le monde. Pour qui cherche à voir par-delà la surface des choses, le péril dont parlait Newman est néanmoins plus réel que jamais. Le défi auquel est affrontée la foi religieuse est d'autant plus périlleux que l'infidélité s'infiltre dans la vie quotidienne des personnes sous des formes le plus souvent bonnes en soi, et surtout agréables, mais qu'elle tend, de par sa logique même, à reléguer graduellement la foi religieuse au rang des valeurs auxquelles on peut rester attaché à condition qu'elles aient peu de rapport avec la vie réelle.

Dans le contexte nouveau où nous sommes engagés, la pertinence du message chrétien ne saurait être simple affaire de trucs d'organisation, de mise en marché ou de propagande, comme s'il agissait simplement d'un produit à vendre ou d'une structure à rendre plus efficace. Elle sera d'abord affaire d'éducation en profondeur. Elle devra être la responsabilité non seulement des chefs religieux, mais de tous les membres de la communauté chrétienne. Elle devra s'appuyer d'abord sur des armes spirituelles au premier rang desquelles devront figurer, avec la prière personnelle et collective, le témoignage de la vie vécue chaque jour par chaque chrétien et la qualité de la vie associative dans les communautés chrétiennes. Le christianisme a commencé par la diffusion de la Bonne Nouvelle faite de personne à personne et dans des petits groupes. Cette diffusion fut assurée par des témoins qui n'avaient aucune notoriété mais qui avaient une foi inébranlable dans leur message et qui furent jugés coupables d'abord de naïveté et de grossière exagération, puis de sédition.

Ce n'est qu'après avoir longtemps semé dans l'obscurité et dans des conditions souvent adverses, que le christianisme finit par être présent dans tous les secteurs de la vie de l'Empire romain, à tel point qu'à des critiques qui reprochaient un jour aux chrétiens de se soustraire à leurs devoirs militaires, Tertullien put opposer cette fière réponse : « Si tous les chrétiens qui sont en service dans les armées de l'Empereur devaient s'en retirer, on assisterait à l'écroulement de ces armées. » Je souhaiterais que ce que Tertullien a pu dire des chrétiens du IIIᵉ siècle, on puisse le dire un jour des chrétiens du troisième millénaire.

Un nouveau printemps de l'Église est-il possible au Québec?[1]

D ans une perspective strictement québécoise, le sacerdoce
est devenu une profession beaucoup moins attrayante
qu'autrefois. Ayant aujourd'hui le choix entre une
multitude de carrières intéressantes, les jeunes qui se laissent
attirer par le sacerdoce sont plutôt rares au Québec. Si marginal
qu'il puisse sembler chez nous et dans les sociétés industrialisées,
le choix que vous avez fait de consacrer votre vie au service du
peuple de Dieu l'est cependant beaucoup moins dans le contexte
de l'Église universelle. J'ai été heureux d'apprendre en effet que,
selon l'*Annuaire statistique de l'Église catholique* pour l'année 2000, le
nombre de séminaristes pour l'ensemble de l'Église est passé de
63 882 en 1978 à 110 583 en 2000, soit une augmentation de 75 %.
Selon la même source, les effectifs sacerdotaux et religieux sont
en déclin dans les sociétés industrialisées mais en progression en
Afrique et en Asie. C'est peut être le signe que le centre de gravité
de l'Église se déplacera de plus en plus de l'Europe et de l'Amérique
du Nord vers l'Amérique latine, l'Afrique et l'Asie. Ces chiffres
ne sauraient certes faire oublier les problèmes très aigus auxquels
l'Église, et en particulier le sacerdoce, font face dans les sociétés
industrialisées. Ils nous invitent néanmoins à voir nos problèmes
dans une perspective plus large et moins pessimiste[2].

---

[1]   Allocution prononcée à l'occasion de la 2e Rencontre provinciale des jeunes
prêtres du Québec tenue à l'Ile d'Orléans les 8, 9 et 10 octobre 2002.

[2]   Revue *Univers*, juillet-août 2002.

En relisant la lettre d'invitation que m'adressait Donald Tremblay, j'ai compris qu'en m'invitant à me joindre à vous pour cette réunion, vous attendiez de moi « une réflexion d'un chrétien adressée à de jeunes prêtres ». J'accepte volontiers ce cadre de référence. Je m'adresserai donc à vous sur le ton d'un frère dans la foi en Jésus Christ, mais d'un frère dont le cheminement a été surtout marqué par l'engagement dans la vie familiale et dans les tâches temporelles. Je jetterai en premier lieu un regard aussi objectif que possible sur le type de société dans lequel nous serons appelés à vivre dans l'avenir prévisible. Je tenterai en second lieu de dégager de ce portrait quelques orientations qui pourraient, à mon humble avis, contribuer à préparer, à la manière du grain jeté en terre, l'avènement d'un nouveau printemps pour l'Église d'ici.

* * *

La moitié de ma vie s'est déroulée dans le Québec d'avant 1960, l'autre moitié dans le Québec de la Révolution tranquille et des années qui ont suivi. J'ai connu les forces et les faiblesses d'une société traditionnellement catholique. Je vis depuis 1960 dans une société fortement sécularisée.

Ayant joué un rôle actif dans les deux types de société, je suis d'avis que le Québec d'avant 1960 formait dans l'ensemble un milieu plus propice que le Québec d'aujourd'hui pour l'épanouissement et le rayonnement des valeurs religieuses. La religion était alors portée par un climat général qui lui était favorable. Elle fournissait à la population un cadre de valeurs qui rejoignait la vie de tous les jours dans ses modalités les plus concrètes. Elle disposait d'une solide organisation institutionnelle à l'aide de laquelle elle était en mesure d'offrir des services à la population dans toutes les parties du territoire.

Extérieurement impressionnant, ce système supposait cependant l'existence dans la population d'un large consensus autour des valeurs qui doivent guider la conduite humaine. Il supposait aussi une certaine étanchéité contre les influences en provenance de l'extérieur. Mais tandis que les apparences tenaient un langage rassurant, des fissures avaient commencé de s'introduire dans cette société extérieurement homogène dès la Deuxième Guerre mondiale. Elles s'étaient graduellement élargies et multipliées dans les années qui suivirent la fin du conflit. Bien avant la Révolution tranquille, la formation religieuse pourtant intensive dispensée par les établissements catholiques avait des effets plutôt limités sur la pensée et la culture des personnes engagées dans les milieux profanes. Déjà à cette époque, la religion était pour un grand nombre une expérience confinée à certaines pratiques plus ou moins coupées de la vie réelle. La politique, les affaires et la vie professionnelle étaient tout autre chose. Tout en ne faisant guère de bruit à ce sujet, un nombre croissant de personnes avaient décroché de la foi religieuse. Pour celui qui connut de l'intérieur le Québec d'avant 1960, les changements d'allégeance spirituelle survenus après cette date n'eurent rien d'inattendu. Ils s'inscrivaient plutôt dans un processus de sécularisation qui avait commencé à faire son œuvre dans les esprits pendant les années de la guerre et de l'après-guerre.

La pratique religieuse étant devenue moins contraignante et un grand nombre d'institutions à but éducatif et social ayant été laïcisées, les contraintes pouvant obliger les personnes à se faire passer pour religieuses quand elles ne le sont pas ont graduellement disparu depuis 1960. La liberté individuelle et l'égalité fondamentale des personnes sont devenues les normes maîtresses de la vie en société. Chaque personne se sent plus libre d'avoir ses propres valeurs et de croire qu'elles ont autant de poids que celles des autres, si bizarres et marginales puissent-elles paraître aux yeux de certains. Les tribunes qui forment l'opinion au jour le jour étaient naguère confiées à des personnes considérées comme possédant un bon jugement et des idées sûres. Mais de nos jours, elles sont animées plus souvent qu'autrement par des personnes plus soucieuses, même dans le traitement des sujets les plus délicats, d'affirmer leurs propres idées et de faire valoir leurs propres expériences que de véhiculer les enseignements de l'Église.

Il reste beaucoup de traces de nos racines catholiques dans nos manières de penser et de faire. Les gens continuent de se déclarer catholiques au recensement et de croire en Dieu. Ils continuent aussi selon les enquêtes d'opinion de prier dans une proportion étonnamment élevée. On voit de même des personnes qui se présentent rarement à la messe du dimanche faire montre d'un dévouement exemplaire devant la maladie d'un parent sans se rendre compte qu'elles mettent ainsi en pratique l'enseignement de l'Évangile. Le peuple québécois est de même foncièrement bienveillant et paisible, et ce trait n'est certes pas étranger à ses antécédents chrétiens. Il s'est cependant produit à notre époque une coupure entre la religion et la culture de la population. Le Québécois et la Québécoise moyens puisent désormais le principal de leur inspiration quotidienne dans des sources autres que la religion. Le catholicisme des Québécois est de plus en plus, selon diverses enquêtes, une religion confinée surtout à la vie privée et une religion à la carte. Même à ce dernier niveau, les gens se sentent beaucoup moins liés qu'autrefois par les enseignements de l'Église.

On doit par contre inscrire à l'actif du Québec sécularisé d'aujourd'hui les progrès nombreux réalisés au plan scientifique, économique, social et culturel, et surtout la protection de plus en plus explicite qui est accordée aux libertés fondamentales et aux droits individuels. Cette protection renforcée n'a pas apporté de changements radicaux dans l'immédiat car déjà le respect des libertés était implanté chez nous dès avant la Révolution tranquille. Sur une longue période, la protection constitutionnelle des libertés fondamentales pourrait cependant s'avérer un bien infiniment plus précieux pour les croyants que les avantages extérieurs dont a pu bénéficier à d'autres époques la religion catholique. Dans le Québec d'aujourd'hui, le nombre des catholiques pratiquants est moins élevé. En contrepartie, l'adhésion à la religion, étant plus libre, a plus de chance d'être authentique.

De ce tableau d'ensemble, je retiens quelques éléments qui me semblent devoir marquer l'avenir prévisible :

1) on a pu croire pendant un certain temps que les décrochages qui marquèrent la Révolution tranquille seraient tôt ou tard suivis d'un retour à la normale, c'est-à-dire à l'ordre ancien. Mais pareil espoir est de moins en moins permis. À l'exemple de

maints pays européens qui sont passés avant nous par la même expérience, le Québec demeurera pour fins officielles une société à forte majorité catholique. La religion catholique y sera cependant pratiquée de manière habituelle par une minorité de la population. À moins de circonstances que rien ne laisse entrevoir, il n'y aura pas de retour massif à la pratique religieuse traditionnelle;

2) les conditions s'y prêtant davantage, un nombre plus élevé de Québécois seront attirés soit par l'incroyance, soit par l'adhésion à des religions autres que le catholicisme, soit par des emprunts à diverses religions. Le nombre de ces personnes semble devoir continuer d'augmenter. Un tel choix me paraît toutefois destiné à demeurer celui d'une minorité de la population;

3) au sein de la société politique, l'Église sera de plus en plus considérée comme une famille religieuse parmi les autres, c'est-à-dire comme une association libre de personnes ayant les mêmes droits et devoirs que les autres familles religieuses, plutôt que comme une institution ayant droit à un statut plus élevé et à des privilèges exclusifs;

4) comme les autres familles religieuses, l'Église jouira non seulement de la liberté religieuse mais aussi de toutes les libertés attenantes aux droits fondamentaux de ses membres : liberté d'association, de réunion, d'expression, de publication, etc.;

5) chez la génération issue des deux ou trois dernières décennies, le travail d'initiation religieuse devra être repris, à toutes fins utiles, à partir de zéro. Chez les générations plus jeunes, il devra être pris en charge à peu près entièrement par l'Église.

* * *

Chaque époque, disait Newman, présente pour la foi des défis inédits que n'ont pas connus les époques précédentes. Le propre de celle qui vient, entrevoyait-il, ce sera de nous appeler à vivre dans un monde où l'intelligence connaîtra un essor sans précédent mais où il semblera y avoir un net recul de la foi religieuse. Mais cette époque aura aussi un grand avantage, ajoutait-il. Parce que les contrôles sociaux y seront moins forts, chaque personne sera davantage incitée à se manifester sous son jour véritable. La société de l'avenir se caractérisera, disait encore Newman, non pas par une attitude d'hostilité ouverte envers la religion, mais par sa volonté de chercher des réponses à ses questions exclusivement en marge de la religion, soit dans les seules lumières de l'expérience personnelle, de la science et de la raison. Dans cette société, ajoutait-il, le premier principe sera celui suivant lequel nous devrons en toute chose obéir à la raison, non à la foi, et où seront dignes d'acceptation seulement les choses qui auront été dûment établies par la critique rationnelle et l'observation scientifique. Le discours religieux sera certes admis au nom de la liberté de pensée et d'expression mais il sera réduit à n'être plus aux yeux des esprits éclairés que le reflet d'une culture folklorique ou de croyances strictement personnelles et privées.

Une autre intuition prophétique de Newman fut la perception qu'il eut de la dimension personnelle et existentielle de l'expérience chrétienne. Nul ne parla avec plus d'éloquence du rôle indispensable de l'Église catholique, pour laquelle il renonça à la vie plus agréable au plan humain dont il jouissait au sein de l'Église anglicane. Mais sans minimiser l'importance de l'institution, Newman attachait une suprême importance à l'expérience personnelle que le chrétien devrait de plus en plus faire de la foi. Il rejoignait en cela, d'une manière prophétique, la place centrale qui revient au sujet humain, à sa liberté et à son autonomie, dans les sociétés sécularisées d'aujourd'hui.

À la lumière de ces intuitions de Newman et de l'observation qu'il m'a été donné de faire des changements survenus au Québec, je suis d'avis que la première tâche qui incombe aux croyants d'aujourd'hui, c'est la culture de la foi. Sans renoncer à changer la société en profondeur, nous devons dans l'immédiat entreprendre de nous y insérer sans autre dessein que de contribuer à son avancement dans le respect de la forme extérieure et des règles de fonctionnement qu'elle s'est données, et cela dans toute la mesure où son mode de fonctionnement n'est pas incompatible avec la foi en Dieu et les exigences de la morale. Nous devons cependant chercher à y être présents avec notre foi et nos valeurs propres. Cela requiert que, prêtres et laïcs, nous approfondissions sans cesse davantage notre foi et que nous apprenions à en témoigner en nous inspirant d'une pédagogie accordée à l'esprit de notre époque.

La société d'aujourd'hui n'a guère d'écoute pour les croisés de la religion, c'est-à-dire pour les personnes qui font irruption dans le monde dans le seul dessein d'y faire prévaloir leur vision des choses. Elle n'est pas davantage portée à écouter les esprits dogmatiques, lesquels ont trop souvent des réponses toutes faites aux problèmes avant même de les avoir étudiés. Elle se méfie en général des approches autoritaires, lesquelles font appel à des autorités extérieures au lieu de procéder par démonstration rationnelle ou par l'appel à l'expérience. Mais de manière générale, nos contemporains respectent la personne qui, à condition qu'elle soit compétente et efficace dans son domaine, soucieuse de rapports vrais et justes avec autrui, sincère dans ses convictions et conséquente avec elle-même, ne craint pas de témoigner de ses valeurs, tantôt par ses actes, tantôt aussi, lorsque les circonstances l'exigent, par ses paroles. C'est ce genre de témoignage que les croyants seront de plus en plus appelés à donner.

Mais pour être en mesure de témoigner de sa foi, il ne suffit pas de croire à l'existence de Dieu en s'appuyant sur une argumentation traditionnelle ou une sentimentalité superficielle. Il faut aussi et surtout avoir l'expérience personnelle de ce Dieu qui est plus présent au cœur même de notre être, nous dit saint Augustin, que nous ne le sommes nous-mêmes. Avoir la foi, pour Newman, c'est avoir le sentiment que Dieu est présent dans notre vie. « Nous devons, écrit-il, nous habituer à sentir que nous sommes en présence de Dieu, qu'il voit ce que nous faisons. Nous devons aussi nous habituer à aimer qu'il en soit ainsi, à goûter cette présence et à trouver notre joie dans cette pensée que Dieu nous voit[3]. »

Il existait au temps de Newman, comme il en existe aujourd'hui, des stratèges religieux aux yeux de qui le salut de l'Église doit venir de coups d'éclat spectaculaires, de plans savants de

---

[3]   J. H. NEWMAN, «The Infidelity of the Future», dans *Faith and Prejudice*, New York, Sheed and Wrad, 1956, p. 127.

reconquête, de techniques habiles de gestion de l'opinion ou de bonnes relations avec les milieux influents. Mais Newman n'était pas à l'aise avec les milieux en mal de résultats immédiats et quantifiables. On me reproche, écrivait-il dans son *Journal*, de manquer de zèle en matière de conversion. « Pour la Congrégation de la Propagation de la foi, les conversions, et rien d'autre, sont la preuve qu'on fait quelque chose. Un peu partout, aux yeux des catholiques, faire des convertis, c'est faire quelque chose; ne pas en faire, c'est ne rien faire[4]. » Newman pensait de son côté que la première tâche devait être non pas la chasse aux conversions mais la formation en profondeur des catholiques. Cela l'amenait à considérer que, s'il est bon en soi de souhaiter des conversions, il importe encore davantage que l'Église soit bien préparée, par la qualité de vie qui règne dans son sein, à accueillir les personnes désireuses de se convertir.

Au tout premier rang des tâches d'éducation, Newman situait l'éducation de la foi. Il considérait en effet que, si la charité vient en premier lieu dans l'ordre d'excellence, la foi vient en premier dans l'ordre concret car c'est elle qui permet d'identifier l'objet vers lequel doit tendre la charité. La culture de la foi doit être une priorité majeure pour ceux que préoccupe l'avenir de la religion. Cette culture sera acquise et enrichie par l'étude, la réflexion et la prière. Elle s'exprimera concrètement à travers le service désintéressé du prochain. Quelques observations me semblent devoir être faites à ce sujet :

1) Surtout dans notre univers de communications instantanées où les idées et les modes de comportement changent beaucoup plus facilement, la foi n'est jamais acquise une fois pour toutes dans la vie d'une personne, encore moins d'une société. Elle doit au contraire être sans cesse renouvelée, enrichie et reconquise.

2) Dans une société de plus en plus jalouse du pouvoir et de l'autonomie de l'intelligence, il nous incombe de faire montre d'un respect inviolable à l'endroit de ce que l'intelligence veut

---

[4]   J. H. NEWMAN, *Autobiographical Writings*, New York, Sheed and Wrad, 1955, p. 257.

ou peut découvrir par elle-même. Ceci implique que nous devons avoir à la fois un respect très grand pour les connaissances humaines, une juste compréhension de ce qui constitue le véritable objet de la foi et un grand respect pour le cheminement personnel des êtres avec qui nous sommes en contact.

3) La foi doit être reçue et vécue par chacun dans son intégrité, et non pas de manière sélective. Bon nombre de prédicateurs sont enclins de nos jours à mettre uniquement l'accent sur les aspects plus agréables de la religion chrétienne et à passer beaucoup plus vite sur les aspects plus difficiles. La croyance en la résurrection est la mesure suprême de la foi chrétienne, mais la résurrection du Christ eut été impossible sans la Croix. Je connais également des prédicateurs bien intentionnés qui parlent avec émotion de la miséricorde de Dieu mais qui passent beaucoup plus vite sur les passages pourtant nombreux de l'Écriture qui nous le présentent aussi comme un Dieu juste. Ces pratiques sélectives ne sont pas de nature à favoriser à la longue une juste compréhension du message chrétien.

4) La foi doit être enracinée dans des sources solidement éprouvées. La manière la plus sûre pour le croyant de conserver et d'enrichir sa foi, c'est de l'alimenter et de la vivre en communion avec l'Église. Dans la famille des religions organisées, l'Église catholique a ceci de propre qu'à travers sa tradition séculaire, elle s'est toujours efforcée de concilier la foi et la raison. La seule pratique ordinaire de la religion est toutefois insuffisante pour procurer à une personne raisonnablement instruite le soutien et l'alimentation dont elle a besoin. Il faut que la foi soit l'objet d'un approfondissement continu dans la vie de chacun. Il m'apparaît nécessaire à cette fin que tout croyant recoure habituellement à des sources solidement éprouvées et adaptées à ses besoins. Celui qui n'approfondit pas sa foi se condamne à la médiocrité. Son témoignage risque d'être tout aussi médiocre.

5) Loin de s'y opposer, la culture de la foi doit aller de pair avec la recherche de la culture humaine. Nous sommes heureusement témoins ces années-ci de nombreux efforts de rapprochement entre la foi et la culture humaine. Nombreux sont les

savants de diverses options philosophiques et religieuses pour qui la science et la foi religieuse constituent des modes distincts de saisie du réel dont chacun a sa consistance et ses lois propres et dont chacun doit en conséquence être considéré avec respect par l'autre. Le pape actuel donne l'exemple d'un chef religieux rempli d'intérêt et d'admiration sincère pour la connaissance scientifique. Il n'a pas craint d'affirmer l'entière autonomie de la science par rapport à la religion, dans la mesure, a-t-il pris soin de préciser, où elle respecte les normes morales que dicte la dignité de l'être humain. Dans le même veine, Jean-Paul II n'a cessé d'exhorter les croyants à s'engager activement dans l'arène politique même au moment où il s'avérait qu'en Italie et dans d'autres pays, les milieux politiques étaient gravement gangrenés par la corruption. Même pour celui qui se consacre exclusivement au travail religieux, une bonne culture humaine est une condition nécessaire de fécondité spirituelle. Au temps où je militais dans l'Action catholique, les aumôniers qui eurent le plus d'influence sur nous furent ceux qui portaient une grande attention à la vie concrète de leurs militants en même temps qu'ils savaient leur fournir une alimentation solide au plan spirituel.

6) Avant de rédiger ces notes, j'ai voulu relire *Les Confessions* de saint Augustin, qui est pour moi, avec Newman, l'une de ces sources intarissables auxquelles j'aime revenir. Je retiens de cette lecture que, tout en semblant la plupart du temps être très éloigné, Dieu est en réalité toujours proche non seulement des croyants mais aussi des êtres qui croient avoir pris leurs distances par rapport à lui. « Tu étais plus présent au cœur même de mon être que je ne le suis moi-même[5] », s'exclame saint Augustin. La foi chrétienne nous rend conscients de cette présence de Dieu dans les personnes qui nous entourent. Aussi demeure-t-elle discrètement attentive à ce qui se passe chez l'autre. La foi chrétienne demeure cependant patiente et longanime. Sachant que le grain doit être jeté en terre et mourir et que Dieu seul fait fructifier la semence au moment qu'il choisit, elle se préoccupe davantage de la qualité du travail que de résultats immédiats.

---

[5]   SAINT AUGUSTIN, *Les Confessions*, Livre III, ch. VI, par. 11.

Nous aurons beaucoup besoin de cette longanimité dans la longue et relativement obscure période d'ensemencement qui semble devoir être notre partage au cours des prochaines années.

Je voudrais en terminant émettre un double souhait. Comme personne qui se veut sensible à l'esprit démocratique caractéristique de notre temps, je voudrais que, sans préjudice à sa structure hiérarchique, l'Église soit un lieu imprégné d'un profond respect pour la dignité et la liberté des personnes. Je voudrais que l'on adhère à l'Église librement et que l'on y demeure non moins librement. Je voudrais que les personnes appelées au service de l'Église puissent la servir dans des conditions de liberté le plus compatibles possible avec les conditions propres à notre époque. Je voudrais que la vie intérieure de l'Église soit aménagée dans un esprit fraternel et communautaire, que les orientations y soient arrêtées le plus possible suivant des modes collégiaux, que l'exercice de l'autorité y soit conçu comme un service et non comme une imposition, que l'obéissance y soit loyale mais aussi, au besoin, critique. Je souhaiterais que, dans un climat de partage fraternel, on puisse y discuter franchement et librement des sujets les plus délicats. Je voudrais aussi que l'Église rayonne à l'extérieur de son cadre de vie immédiat et s'impose au respect et à l'affection de la société tout entière par la qualité de son message et de son engagement au service des valeurs de liberté et de justice. Je voudrais en un mot que, prêtres et laïcs, nous soyons heureux et fiers d'être catholiques et que nos rapports avec nos contemporains portent la marque de ce sentiment d'appartenance qui nous relie à l'Église.

Mais tout cela suppose que nous soyons unis dans une foi commune et que nous acceptions la règle voulue par le Christ, suivant laquelle le maintien de l'unité doit être assuré par la présence à la tête de l'Église de chefs tenant leur mandat en droite ligne de la succession apostolique. Il incombe à l'autorité religieuse d'exercer son pouvoir avec retenue et douceur. Il lui incombe aussi d'accepter la critique au sujet de la manière dont elle l'exerce. Cela étant dit, il revient en dernière analyse aux chefs hiérarchiques de veiller à l'intégrité du dépôt de la foi et d'arrêter les orientations aptes à assurer la bonne marche de l'Église. Il incombe par ailleurs à ceux qui se réclament du nom catholique, prêtres et laïcs, d'accepter loyalement les orientations arrêtées par ces derniers et de collaborer à leur mise en œuvre. Le souci de l'unité est une caractéristique essentielle de l'esprit catholique. Le défi de l'Église d'aujourd'hui est de concilier le souci de l'unité avec l'attachement à la liberté qui est un trait non moins essentiel de notre époque. À propos de la liberté, le père Georges-Henri Lévesque, de regrettée mémoire, avait coutume de dire qu'elle vient elle aussi de Dieu. À condition que nous sachions tenir ensemble fidélité, présence aux valeurs et aux attentes de nos contemporains, liberté et unité, nous ne devons pas hésiter à prier pour que l'Église d'ici connaisse un nouveau printemps. Ce printemps, s'il doit survenir un jour, viendra de Dieu, non de nous. Mais la semence en aura été jetée dans les épreuves et les incertitudes d'aujourd'hui, tout comme des périodes de déclin, voire de corruption, ont souvent été à d'autres époques la source de nouveaux dépassements pour l'Église.

Le pluralisme religieux est-il possible?
À quelles conditions?[1]

Mon propos portera sur la pratique du pluralisme spirituel et religieux dans la société montréalaise et québécoise. J'examinerai ce sujet à partir d'observations intéressantes que j'ai trouvées dans un article intitulé « La société des nations, pour le meilleur ou pour le pire? », que le périodique *Présence* publie ce mois-ci sous la signature d'Hélène Côté. L'auteure de l'article a assisté à un forum organisé par le Centre Spiritualités et Religions de Montréal sous le thème « Diversité culturelle, menace ou chance pour la cité? » Il ressort de son article que le pluralisme culturel est en progrès mais que le pluralisme religieux progresse plus laborieusement en raison de difficultés propres à notre société. C'est de ces difficultés, et des manières possibles d'y porter remède, que je voudrais discuter dans cet exposé.

Le concept de pluralisme religieux comprend, me semble-t-il, trois éléments.

1) Il postule la présence dans une société d'options religieuses diversifiées et suffisamment significatives en nombre pour constituer chacune une réalité sociale distincte. Sans qu'il soit besoin de citer des chiffres, Montréal répond à ce critère. On y trouve en effet une grande variété d'options spirituelles et re-

---

[1]   Allocution prononcée à Montréal le 11 septembre 2003 dans le cadre d'un forum organisé par le Service d'animation pastorale de l'Université du Québec à Montréal.

ligieuses. Cette diversité, loin de diminuer, a augmenté de manière significative au cours des dernières décennies. Le paysage religieux montréalais s'est particulièrement enrichi avec l'arrivée en nombre croissant de personnes appartenant à des religions autres que chrétiennes.

2) Entre les familles spirituelles qui composent la société, le pluralisme requiert l'existence d'un climat d'acceptation réciproque qui garantit une égalité raisonnable des chances pour les membres de chacune au plan social, culturel, économique et politique. Cette condition me paraît également remplie à Montréal. Il y a même eu progrès considérable de ce côté au cours des dernières décennies. Catholiques, protestants, orthodoxes, juifs, musulmans, et autres s'acceptent de mieux en mieux au plan civique. La méfiance qui existait naguère entre catholiques et protestants, ou encore entre catholiques et juifs, a pratiquement disparu. Depuis la Révolution tranquille, la société québécoise a même fait une place de plus en plus large aux éléments qui ne se réclament d'aucune affiliation religieuse. Nous ne connaissons pas au Québec le genre de conflits religieux qui ont été la source de grands malheurs dans plusieurs pays. Au lieu de bouder ses différences en matière religieuse, le Québec a évolué dans le sens d'une plus grande acceptation de la diversité.

3) Pour revêtir tout son sens, le pluralisme religieux doit enfin et surtout comporter une volonté active de partage au plan moral et religieux entre les diverses familles spirituelles et leurs adhérents respectifs. Par volonté de partage, j'entends la volonté des membres de chaque famille spirituelle de connaître et d'apprécier les croyances et les valeurs des autres familles spirituelles. J'entends aussi la volonté de collaborer avec les autres familles autour d'objectifs inspirés de valeurs communes. Les progrès ont été beaucoup moins marqués sous ce troisième aspect. Il y a eu des réalisations significatives à ce niveau, mais elles ont été le fait de milieux limités et d'experts. Les membres ordinaires des Églises n'ont guère eu la chance de faire l'expérience de ce genre de dialogue. C'est ce dernier aspect qui doit retenir notre attention. Il nous oblige à mettre le doigt sur une situation qui

nous est propre et qui a des dimensions culturelles autant que proprement religieuses.

Les discours sur le dialogue entre familles spirituelles prolifèrent, note Hélène Côté dans l'article auquel nous avons fait allusion. Mais l'action concrète est beaucoup plus rare. Certains seront enclins à imputer ce manque de rapport entre le discours et l'action à l'inconséquence et à la légèreté des acteurs. Mais il existe aussi des explications plus profondes à ce fait. Lors du forum auquel elle a assisté, Hélène Coté a recueilli des observations éclairantes à ce sujet. Je voudrais en signaler deux qui me sont apparues spécialement intéressantes.

Une première observation est venue de Osman Koulenovich, immigré au Québec depuis 39 ans et responsable du café Sarajevo, à Montréal. Koulenovich voit divers milieux se côtoyer dans son établissement fréquenté par des personnes de toutes origines et de toutes cultures. Voici ce qu'il a noté au sujet des Québécois : « Le Québec est très développé au point de vue matériel mais au niveau de l'esprit, c'est une autre histoire. Ils ont dénigré la sagesse et les savoirs de leurs ancêtres pour courir après de la nouveauté. Et pour accéder au succès matériel et avoir plus de liberté, ils ont oublié ce qui les liait aux autres comme la famille, la morale et la culture. Il n'y a pas de religion pour contenir et orienter les Québécois; leurs traditions ne sont pas encore bien ancrées et leur identité est floue. »

Une deuxième observation émane d'un sociologue spécialisé dans l'étude du fait religieux. « Les Québécois, note Alain Bouchard, sont mal à l'aise face à l'expression religieuse. » « Et comment, poursuit Hélène Paré, non seulement la plupart des Québécois sont complètement détachés du catholicisme mais ils ne comprennent plus ce que cela signifie que de croire. Cela dépasse tout simplement leur entendement. D'où peut-être, ajoute-elle, leur tolérance vis-à-vis du pluralisme religieux qui, finalement, pourrait témoigner d'une certaine insouciance. »

Ces derniers propos me paraissent exagérés. Par-delà les changements survenus dans leurs habitudes extérieures, maintes personnes ont en effet conservé une foi réelle qui se compare souvent avantageusement à la foi plus figée et froide de person-

nes demeurées attachées à la pratique traditionnelle. On ne saurait nier, cependant, que les mutations culturelles des dernières
décennies ont entraîné un incontestable amenuisement de la
culture religieuse dans tous les milieux, et ce, des milieux populaires aux milieux les plus instruits. Les points de repère religieux
auxquels la culture des gens pouvait se rattacher à une autre époque laissaient souvent à désirer sous l'angle de la qualité intellectuelle mais ils existaient et exerçaient une influence importante
sur la vie des personnes de tout âge et de toute condition. Or,
cette condition, au mieux, se réalise de manière extrêmement
raréfiée dans le Québec d'après la Révolution tranquille. Les
Québécois ont été coupés de leurs racines historiques au plan
moral et spirituel. Et les valeurs mises de côté ont été remplacées
par des valeurs d'emprunt qui n'ont pas fait la preuve de leur
solidité et dont les résultats suscitent souvent des inquiétudes
justifiées.

Comme tout dialogue authentique suppose que l'on soit
disposé à partager avec l'autre ce que l'on est soi-même, la pratique
du pluralisme devient fort difficile quand l'interlocuteur qui
devrait jouer le rôle principal en raison de son importance
numérique ne sait plus trop qui il est et n'a aucune connaissance
sérieuse des autres interlocuteurs.

En raison de leur importance numérique prépondérante au
Québec et de la place majeure qu'occupe l'Église catholique dans
la famille des grandes religions du monde, la responsabilité des
milieux catholiques traditionnels en matière de pluralisme
religieux doit être soulignée en premier lieu. À la communauté
catholique, il importe d'abord d'exister de manière vivante et
forte. Pour être en mesure de dialoguer, il faut en effet exister
soi-même. Plus l'Église catholique aura une vie intérieure
vigoureuse, plus elle pourra envisager avec confiance et pratiquer
généreusement le dialogue avec les autres familles religieuses. Il
est nécessaire dans cette perspective qu'une attention prioritaire
soit portée au développement de ce Newman appelait *the edification
of Catholics*, c'est-à-dire à la formation de laïcs catholiques cultivés
et convaincus, capables de prendre leur place dans l'Église sans
préjudice du rôle propre de la hiérarchie, assez avertis de leur foi

pour pouvoir en rendre compte sous leur propre responsabilité dans les milieux les plus divers, aptes à discerner et reconnaître loyalement ce qu'il y a de bon dans l'expérience des autres, et prêts à assumer les responsabilités, les risques et les échecs qui vont de pair avec le témoignage de la foi. Sans la présence de tels laïcs, les discours sur le pluralisme risquent de rester longtemps confinés à de petits groupes de spécialistes plus ou moins coupés de la vie réelle.

Les Églises ne doivent cependant pas se borner à cultiver leur propre vie intérieure. Elles doivent aussi sans cesse se porter à la rencontre du monde plus large dans lequel se déploie leur propre existence. À des critiques qui lui reprochaient de ne pas manifester suffisamment de zèle pour les conversions, John Henry Newman répondait au XIXe siècle : « Il ne suffit pas de susciter des conversions, il faut que l'Église soit prête à recevoir les convertis. » Cette observation vaut pour toutes les familles religieuses. Si tant de personnes se sont éloignées de la pratique religieuse, ce fut dans une grande mesure sous la pression de puissantes forces qui poussaient de plus en plus vers une sécularisation massive de la culture et des modes de vie, mais ce fut aussi parce que la religion telle que vécue n'avait plus ce qu'il fallait pour les retenir. Au lieu de rêver pieusement d'un retour sans histoire de ces personnes au bercail, il serait plus judicieux de chercher à comprendre pourquoi elles se sont éloignées et de s'interroger sur les changements qui devraient en découler dans les manières de faire des milieux religieux.

Bon nombre de Québécois sont nés et ont été formés dans le cadre de religions autres que le catholicisme. Des catholiques que leur religion ne satisfaisait plus sont venus se joindre à eux ces dernières années. Il est normal que ces personnes visent d'abord à acquérir une intelligence de plus en plus approfondie de leur propre option religieuse afin de pouvoir en rendre compte de la manière la plus véridique et la plus efficace possible devant des personnes professant des opinions différentes. Il est non moins normal qu'elles visent à promouvoir l'égalité de droits dans la cité pour leur famille religieuse. Vu le contexte où nous sommes, il me paraît non moins souhaitable que les personnes appartenant à d'autres religions s'emploient aussi à acquérir une bonne connaissance de ce qu'est réellement le catholicisme et qu'elles cherchent à se libérer de tout jugement sommaire, de toute animosité subjective, de toute impression erronée, qu'elles pourraient nourrir envers d'autres familles religieuses et au premier chef à l'endroit de la religion catholique quand elles l'ont quittée. Le devoir du dialogue inclut beaucoup plus que la bienveillance passive. Il embrasse la volonté droite et agissante de connaître l'autre sous son vrai jour tout autant que la volonté d'être connu de lui pour ce qu'on est vraiment. Il inclut par-dessus tout l'obligation d'être juste et charitable envers toute personne et tout groupe de personnes, quels qu'ils soient.

À l'endroit des personnes qui ont pris leurs distances envers les religions organisées, je m'estime tenu comme croyant de faire montre de respect, d'humilité, de discernement et d'accueil. Je dois éviter de juger ces personnes en étant conscient qu'elles peuvent être plus proches de Dieu, par-delà les apparences extérieures, que bien des personnes, y compris moi-même, qui s'en réclament. Je dois aussi chercher à les mieux connaître et comprendre, voire être disposé à recevoir d'elles des apports enrichissants. Je crois néanmoins être en droit de formuler une triple exigence à leur endroit. En tant que croyant, je m'estime d'abord en droit de souhaiter qu'elles s'abstiennent de propos agressifs et offensants envers mes croyances religieuses et celles d'autres familles spirituelles. Certaines personnes, qui tiennent habituellement un langage responsable, sont enclines à un laisser-aller regrettable quand elles parlent de sujets religieux ou moraux qu'en général elles connaissent plutôt mal. Je suis prêt à défendre toute personne, quelles que soient ses opinions religieuses ou politiques, dont la sincérité ou les motivations spirituelles sont injustement mises en cause. Par contre, j'accepte difficilement que, même de bonne foi, on dise des choses fausses ou injustes au sujet de l'Église catholique ou de quelque autre famille religieuse de bonne foi. Je souffre non moins difficilement qu'on le fasse dans les médias, sans exiger des personnes qui le font un minimum de compétence. Si une personne veut parler de sujets religieux, c'est son droit le plus strict de choisir les sujets dont elle parlera et d'en discuter de la manière qu'elle jugera appropriée. Dans une perspective de sain pluralisme et d'honnêteté tout court, il m'apparaît cependant juste d'exiger que toute personne qui veut traiter de sujets moraux ou religieux le fasse de manière véridique, honnêtement informée, juste et empreinte d'humilité et de respect.

Je m'estime justifié de souhaiter aussi que les personnes qui, après en fait avoir partie, ont quitté l'Église catholique ou pris leurs distances à son endroit, parlent d'elle en songeant que, par-delà tout ce qui a pu se produire de regrettable sous sa responsabilité, le catholicisme nous a donné comme peuple beaucoup plus que ce nous avons pu lui donner et qu'il continue sous mille formes différentes de coller à notre peau collective et individuelle. Qu'on aime cela ou non, le catholicisme demeure un élément majeur de notre héritage moral et culturel. Quand on l'attaque, on s'en prend à notre personnalité collective, laquelle, comme le soulignait Hélène Côté dans son article de *Présence*, embrasse bien davantage que la langue, les valeurs démocratiques et une vague religion civique. Je ne demande pas qu'on s'interdise toute critique ou dissidence à l'endroit du catholicisme. J'ai trop longtemps savouré la polémique pour souhaiter qu'elle disparaisse de nos mœurs. Je demande seulement que, dans les débats publics, on traite le catholicisme et la religion en général avec un souci plus grand de rigueur et de justice et un sens plus poussé des responsabilités qu'on ne l'a fait au cours des dernières décennies. Je demande aussi que la chance soit donnée à la population d'être convenablement renseignée sur ce qui se passe dans ce secteur tout comme elle l'est de manière souvent excessive pour les autres secteurs de la vie collective. Le traitement que les médias accordent présentement à la matière religieuse est bien en deçà de ce qu'on est en droit d'exiger d'organismes qui se disent au service de la population.

Les personnes qui choisissent de cheminer spirituellement en marge de tout lien suivi avec une religion organisée sont libérées de certaines contraintes qui ont pu les gêner. Mais elles sont aussi privées du soutien précieux que procure l'insertion dans une grande famille religieuse disposant d'une longue tradition. Elles se coupent également de toute participation régulière à une vie religieuse vécue avec d'autres. La religion est d'abord affaire personnelle. Mais elle est aussi une expérience sociale qui doit être vécue ensemble et solidairement par des humains. Le Dieu de la Bible n'a pas seulement voulu sauver et appeler à lui des individus. Il a voulu se donner un peuple et il a voulu que les êtres humains cherchent leur salut par l'intermédiaire de ce peuple et dans son sein. La personne qui choisit de cheminer seule risque d'être davantage entraînée graduellement vers la neutralité ou l'indifférence en matière religieuse. Je dois certes respecter cette dernière orientation et l'accepter comme un fait culturel largement répandu. Dans la mesure où on veut l'ériger en système, je doute toutefois qu'elle soit compatible avec le véritable pluralisme, lequel postule que chacun soit disposé à partager avec autrui sur la base d'un engagement qui, par définition, ne peut pas, me semble-t-il, être neutre. Cette orientation répugne aussi à la perspective chrétienne qui est essentiellement choix et engagement. Elle est le choix d'une personne, Jésus Christ. Celui-ci nous a prévenus qu'il vomira les tièdes de sa bouche et que qui n'est pas pour lui est contre lui.

Je voudrais en terminant souligner la responsabilité spéciale qui incombera de plus en plus aux personnes munies d'une instruction plus avancée pour la promotion d'un authentique pluralisme religieux et spirituel au sein de la société québécoise. Deux raisons aisément vérifiables me portent à penser ainsi.

Tout d'abord, la vie des individus et de sociétés évolue de plus en plus sous l'influence des connaissances. Plus une personne sera instruite, plus ses chances de contrôler sa propre destinée et d'agir sur celle de ses semblables seront élevées dans l'avenir. En matière religieuse, la sainteté vécue sera toujours la source première de vitalité et elle sera aussi bien le fait de personnes peu instruites que de personnes savantes. Mais abstraction faite de cette loi qui prime toutes les autres, la personne qui se veut religieuse aura plus de chances, toutes autres choses étant égales, d'être heureuse et épanouie dans sa religion et d'exercer une influence favorable sur les opinions et la conduite de ses contemporains si elle est instruite de sa religion au moins aussi bien que des autres matières qui ont de l'importance dans sa vie. Cela veut dire que si vous acquérez une culture de niveau universitaire dans le domaine qui vous intéresse, votre niveau de culture religieuse devrait autant que possible se situer à un niveau comparable et être constamment tenu à jour, tout comme vos connaissances professionnelles.

NB

La seconde raison émane du rôle de plus en plus grand qui revient à chaque individu dans la formation et la diffusion des idées au sein d'une société démocratique fondée sur le principe de la souveraineté de l'individu-sujet. La diffusion des enseignements et croyances religieuses a été considérée à d'autres époques comme devant être la responsabilité principale, sinon exclusive des chefs religieux. Mais cela n'est plus possible dans l'époque de libre circulation des idées et de communications massives et instantanées où nous vivons désormais. La lutte pour obtenir l'adhésion des esprits est aujourd'hui largement et constamment ouverte à la grandeur de la planète. Une idée est jugée d'autant plus valable en démocratie qu'elle a été conçue et diffusée à partir d'en bas. D'où le rôle irremplaçable qui incombe à chaque membre de toute famille religieuse pour la transmission de ses idéaux moraux et spirituels.

Les valeurs véhiculées par les religions apparaissent aussi nécessaires et pertinentes aujourd'hui qu'à toute autre époque. Sur 6,5 milliards d'êtres humains, plus des quatre cinquièmes affirment croire en Dieu. La très grande majorité des personnes qui s'identifient comme croyantes affirment également faire partie d'une religion organisée. Les différences religieuses ont souvent été et demeurent dans plusieurs endroits des causes de divisions et de conflits entre humains. Mais la religion comme telle a pour mission d'unir les hommes à Dieu et de les unir entre eux, non de les opposer les uns aux autres. Le pluralisme bien compris a pour rôle de rendre les milieux religieux davantage conscients de cette mission unificatrice de la religion. Il peut être une force décisive dans la recherche de la paix entre les humains, et ce, à tous les niveaux de responsabilité.

IV
Concilier religion et politique

Éthique et politique[1]

L a création d'un Centre de recherche en éthique à l'Université de Montréal est un événement heureux et prometteur. Ce Centre incitera les spécialistes des diverses disciplines à s'interroger non seulement sur le comment mais aussi sur le pourquoi des phénomènes qu'ils étudient. Il les invitera à mettre en commun leurs observations en relation avec les sujets de plus en plus nombreux qui intéressent plusieurs disciplines. Il contribuera aussi à affiner les règles de conduite dans les divers secteurs de l'activité et à faire en sorte que la société tout entière soit imprégnée de préoccupations éthiques.

Parce que, de toutes les formes d'association humaine, la société politique est la plus complète et la plus large quant à son objet, elle fournit un champ d'observation très vaste pour ceux qui se préoccupent d'éthique. Comme la vie publique a d'autre part été le lieu principal de mon engagement pendant plusieurs décennies, il m'est apparu logique de vous entretenir des rapports entre l'éthique et la politique à l'occasion de l'inauguration de ce Centre de recherche.

Avant d'entreprendre un travail comme celui-ci, j'éprouve souvent le besoin de consulter d'abord quelques dictionnaires afin de m'assurer que ma perception des principaux termes devant être discutés correspond autant que possible à celles qui sont généralement en usage. Dans le cas de la société politique, aucune

---

[1]   Allocution prononcée à l'occasion de l'inauguration du Centre de recherche en éthique de l'Université de Montréal le 6 novembre 2002.

difficulté particulière n'existait dans mon esprit. Aristote a déjà défini la société politique comme la forme d'association humaine dont l'objet est de favoriser le bien-vivre ensemble de ses membres. Cette forme d'association renferme dans son sein toutes les autres formes d'association. Sur un territoire donné, l'appartenance à la société politique et l'obéissance à ses lois sont obligatoires pour toutes les personnes qui y vivent. L'autorité politique est en outre la seule à pouvoir user de la force pour obtenir l'obéissance à ses lois. Le champ d'intervention de l'autorité politique a de plus été considérablement élargi au cours du dernier demi-siècle. Autant de facteurs qui font de la société politique un objet digne d'une attention particulière sous l'angle de l'éthique.

L'éthique, quant à elle, se prête à deux définitions différentes. Selon une première définition, elle a pour objet « les jugements d'appréciation sur les actes qualifiés bons ou mauvais ». Un autre dictionnaire écrit dans le même sens que l'éthique embrasse « les règles de conduite reconnues en ce qui touche une certaine catégorie d'actes humains ou encore un groupe particulier, une culture, etc. ». Selon cette première acception, que le *Robert* qualifie de restreinte, l'éthique a pour objet la moralité, c'est-à-dire le caractère bon ou mauvais des actes posés quotidiennement par un être humain dans l'accomplissement de ses tâches ordinaires, et en particulier de ses tâches professionnelles. On parle ainsi d'éthique médicale, d'éthique juridique, d'éthique commerciale, d'éthique scientifique, voire d'éthique politique, pour référer à des règles de conduite applicables aux spécialistes de diverses disciplines ou formes d'engagement.

Cependant, l'éthique se prête aussi à une définition plus large. Dans une formule brève mais riche de sens, le *Robert* la définit comme « la science de la morale ». Le *Random House* la définit dans le même sens comme « un système de valeurs ». De manière plus élaborée, il la présente comme « cette branche de la philosophie qui traite des *valeurs* relatives à la conduite humaine sous l'angle de leur caractère bon ou mauvais, ainsi que de la nature bonne ou mauvais des *motifs* et des *fins* de telles actions ».

La première définition porte sur les règles applicables à la *conduite immédiate* de diverses catégories de personnes. La seconde embrasse, par-delà la moralité immédiate des actes quotidiens, les *valeurs*, les *motifs* et les *fins* qui inspirent ou sous-tendent l'action des personnes engagées dans une forme particulière d'activité. Nous discuterons de l'éthique en politique à la lumière de chacune de ces deux définitions.

* * *

La première définition trouve un terrain d'application fertile dans la société politique québécoise. Le milieu politique, en raison des vastes enjeux qu'il met en cause, est un lieu d'affrontements continuels entre représentants d'opinions et d'intérêts tantôt différents, tantôt carrément opposés. En raison des conséquences susceptibles de découler de leurs actes, le législateur québécois a jugé nécessaire de préciser certaines règles éthiques auxquelles doivent s'astreindre les citoyens, les politiciens, les partis politiques et l'administration publique. Parmi les sujets dont traitent ces règles, mentionnons les suivants.

1) La participation des citoyens à la vie politique : la participation libre du citoyen à la vie politique, et en particulier aux élections, étant jugée indispensable pour la santé de la société politique, le législateur a institué diverses mesures visant à faciliter la participation des citoyens ordinaires à la vie politique dans les meilleurs conditions possibles. Abaissement de l'âge de vote à 18 ans; interdiction de vendre son vote; déductions fiscales pour contributions à des partis politiques; tenue des scrutins à des jours et à des heures propices pour les travailleurs et les personnes ordinaires : autant de mesures grâce auxquelles le taux de participation aux élections est relativement élevé au Québec.

2) L'intégrité des appareils politiques : les partis politiques étant le principal véhicule par lequel se réalise la participation des citoyens à la vie politique, leur activité avait donné lieu dans le passé à de nombreux abus auxquels a voulu remédier le législateur. Parmi les mesures ainsi instituées, mentionnons l'interdiction faite aux partis de toucher des dons individuels

supérieurs à un montant inscrit dans la loi et l'interdiction des dons en provenance d'entreprises; l'obligation faite aux partis de dévoiler chaque année la provenance de leurs revenus et de ne pas dépasser à l'occasion d'une élection un plafond de dépenses fixé par le législateur. Ces contraintes sont compensées, dans le cas des partis ayant obtenu un nombre minimum de suffrages, par le versement de subventions gouvernementales de fonctionnement. Ces mesures ont fortement contribué à assainir le fonctionnement des partis politiques.

3) L'intégrité des institutions et des pratiques électorales : les listes d'électeurs mal faites, les substitutions systématiques de personnes dans les bureaux de votation, les achats purs et simples de votes, les actes de chantage et d'intimidation, furent longtemps des pratiques courantes à l'occasion des campagnes électorales. Tous ces abus furent réprimés dans le sillage de la Révolution tranquille, puis de l'entrée en scène du Parti québécois. Pour la tenue d'élections, le Québec dispose désormais d'une liste permanente d'électeurs et de lois et règlements qui garantissent l'exercice libre et honnête du droit de vote et l'élection de gouvernements représentatifs de la volonté de la population.

4) L'intégrité des élus : la vigilance des médias et la concurrence vive que se livrent les forces en présence obligent les partis à faire montre de discernement dans le choix des candidats qu'ils présentent aux élections. Le candidat qui remporte l'élection a droit, pendant la durée de son mandat, à une rémunération qui, normalement, lui permet de consacrer tout son temps à sa fonction de député. En retour, l'élu doit s'acquitter de son rôle en conformité avec des règles d'éthique exigeantes, particulièrement en ce qui touche l'acceptation de diverses formes de rémunération ou de faveurs. On ne peut empêcher que des événements malheureux se produisent de temps à autre de ce côté. De manière générale, cependant, la conduite des élus obéit à des normes éthiques élevées.

5) L'intégrité de l'administration publique : depuis 1960, les gouvernements qui se sont succédé à Québec se sont efforcés de doter la société québécoise d'une administration publique

compétente, intègre, impartiale et efficace. On peut discuter de l'efficacité de cet appareil et mettre en cause sa lourdeur. Sauf exceptions toujours possibles, la compétence et l'intégrité de l'administration publique québécoise sont toutefois généralement reconnues. Les règles d'embauche prévoient la tenue de concours ouverts lorsque des postes doivent être comblés. La permanence de l'emploi est assurée pour la grande majorité des fonctionnaires, lesquels sont en outre protégés des décisions arbitraires de l'employeur par des syndicats bien organisés qui veillent à la défense de leurs droits. Les politiques d'octroi de contrats d'approvisionnements ou de services sont de même soumises à des règles qui exigent dans la plupart des cas le recours à des appels publics d'offres et l'octroi des contrats aux soumissionnaires qui font les meilleures offres. Lorsque l'application de ces règles donne lieu à des violations systématiques ou répandues, la vigilance des forces policières et l'existence d'une presse libre et attentive permettent généralement d'y mettre un frein.

Sur la base d'une expérience de quinze ans de fréquentation assidue du milieu politique québécois, je crois pouvoir affirmer que, sous l'angle des actes quotidiens posés par les personnes et les groupes qui gravitent autour du pouvoir, le Québec est l'une des sociétés les plus exemplaires du monde en matière d'éthique. En matière de démocratie et de transparence dans le financement des partis politiques en particulier, le Québec n'a rien à envier, bien au contraire, à des pays comme les États-Unis, le Royaume-Uni, la France, l'Allemagne et l'Italie. Il détient également une longueur d'avance sur le gouvernement fédéral et les autres provinces du Canada.

À l'origine des progrès dont nous nous enorgueillissons aujourd'hui, il y eut des travaux de recherche, des études, des articles de journaux souvent attribuables à des chercheurs universitaires qui apportèrent ainsi une contribution appréciable à la réforme des mœurs électorales et des institutions. À l'occasion de la création du Centre de recherche en éthique, il convient de souligner cet apport. Il faut surtout souhaiter que les travaux de ce genre connaissent un nouvel essor dans le sillage de la création de ce Centre. L'ingéniosité des acteurs politiques est sans limite.

Elle donnera toujours naissance à des pratiques inédites dont plusieurs seront plus ou moins acceptables au plan éthique. Aussi faut-il souhaiter qu'elle demeure toujours assujettie à la loupe impitoyable de la presse et à l'attention minutieuse des chercheurs universitaires.

* * *

Si importante que soit l'éthique politique au sens que nous venons de voir, le rapport entre l'éthique et la politique ne saurait se limiter à cette acception restreinte. Entendue dans son sens plus large, l'éthique politique embrasse aussi les valeurs, les motifs et les fins des actes faits par les intervenants politiques. Les fins que l'on assigne à la vie politique sont en dernière analyse l'élément le plus important. Elles révèlent en effet les motivations des acteurs. Elles laissent aussi entrevoir les valeurs à l'enseigne desquelles logent leurs actions.

Une conception très répandue de nos jours voudrait que la société politique existe surtout pour donner libre cours à l'esprit d'initiative de ses membres les plus doués et les plus entreprenants et que l'État ait comme objet principal de servir d'instrument dans le poursuite des objectifs chers à la libre entreprise. Selon cette conception, l'État ne doit servir que pour les tâches strictement nécessaires à la bonne vie commune, telles la protection physique des personnes et des biens et le maintien de voies de communications efficaces. Il importerait en conséquence de le délester de tâches qui n'ont rien à voir avec cette vision étroite de son rôle. Cette conception plait aux bien nantis, qui se plaignent de la lourdeur des taxes, et aux personnes qui ont eu de mauvaises expériences avec l'administration publique. Mais elle minimise les effets négatifs qu'auront les orientations ainsi envisagées sur la condition des membres moins favorisés de la société.

Suivant une autre conception qui est tout à l'opposé, la première mission de la société politique est plutôt de promouvoir la mesure la plus élevée possible d'égalité entre les citoyens même s'il faut à cette fin limiter les libertés individuelles. Égalité juridique par le moyen des chartes de droits. Égalité politique par le suffrage universel. Égalité sociale par des politiques généreuses en matière de santé, d'éducation et de soutien du revenu. Malgré leur attrait certain, de telles politiques ne sont cependant pas exemptes de conséquences négatives. Le souci des valeurs d'égalité a rendu possible le développement de mouvements syndicaux forts et la mise en œuvre de politiques sociales généreuses. Mais les politiques égalitaires ont aussi été largement responsables d'une bureaucratisation avancée des administrations publiques.

À moins de céder à un libéralisme doctrinaire, la société qui met l'accent sur les valeurs de liberté ne nie pas absolument et sans nuance les valeurs d'égalité. Elle tend plutôt à les faire passer au second rang. De même, à moins d'obéir à une idéologie totalitaire, la société égalitaire ne nie pas entièrement les valeurs de liberté. En cas de conflit, elle les relègue cependant au deuxième rang. Quand l'un des deux courants revêt la forme d'une idéologie qui prétend rendre compte de toute la réalité et commander seul l'action à conduire, il en découle cependant des conséquences négatives pour les valeurs de liberté dans un cas et pour les valeurs d'égalité dans l'autre. Ce qu'il importe de retenir, c'est que les choix politiques ne devraient jamais être faits de manière absolue et exclusive en faveur des valeurs de liberté ou des valeurs d'égalité. L'émulation entre les deux courants de pensée au sein d'une même société dans des conditions propices à la discussion publique des enjeux est heureusement chose courante aujourd'hui. Elle est une source de vitalité, d'équilibre et de stabilité pour les sociétés où elle existe.

Quelques exemples montrant que les libertés fondamentales peuvent être en conflit avec d'autres valeurs illustreront les dilemmes éthiques auxquels doivent se mesurer de nos jours les sociétés attachées à la promotion des libertés.

1) Les libertés individuelles sont fondamentales. Mais elles ne peuvent être exercées pleinement que si l'individu a accès à un minimum de biens matériels et sociaux. En l'absence de tels biens, la libre jouissance des libertés fondamentales risque d'être une coquille vide pour les pauvres. Dans de nombreux cas, les individus, pour toutes sortes de raisons, sont incapables de se

procurer ces biens par leur seul effort. Aussi la quasi-totalité des sociétés avancées se reconnaissent de nos jours le devoir de mettre en œuvre des programmes axés sur une égalisation optimale des chances.

2) Les libertés de pensée, d'expression, de presse et d'association sont aujourd'hui garanties par des chartes constitutionnelles de droits dans un grand nombre de pays. Mais aucune de ces libertés ne saurait être absolue et illimitée. Elles doivent au contraire se réaliser dans la respect de lois qui en interdisent l'utilisation abusive, par exemple lorsque leur exercice porte atteinte à la moralité publique ou à la réputation d'autrui. La diffusion sur l'Internet de matériel pornographique et séditieux soulève à cet égard des problèmes inédits auxquels des remèdes restent à trouver. Doit-il y avoir tolérance absolue à l'endroit de tels abus de la liberté d'expression?

3) Le droit de propriété et la liberté d'entreprise sont des traits fondamentaux d'une société d'inspiration démocratique et libérale. Aucun de ces deux éléments ne saurait toutefois être accepté comme une valeur absolue. Le droit de propriété, affirme à juste titre l'enseignement social de l'Église catholique, doit être subordonné dans son exercice au principe supérieur suivant lequel les biens matériels ont pour destination le service de tous les membres de la famille humaine. La liberté d'entreprendre doit s'exercer pour sa part dans un contexte où l'épuisement graduel des ressources non renouvelables et la vulnérabilité de plus en plus grande de l'environnement naturel imposent des restrictions que ne connurent pas les époques antérieures. Elle doit aussi s'exercer, toujours selon l'enseignement social de l'Église catholique, de manière à ce que la dignité des travailleurs soit reconnue comme antérieure en dignité à celle du capital. De nombreux exemples récents ont enfin démontré qu'en l'absence de normes éthiques exigeantes, la gouverne des entreprises peut donner lieu à des abus très graves.

4) Le droit des travailleurs de se regrouper en des associations consacrées à la défense de leurs droits est généralement reconnu. Il doit néanmoins s'exercer à l'intérieur de balises importantes.

S'il arrive par exemple que le droit de grève lèse le droit des personnes malades à recevoir des services médicaux et hospitaliers de qualité ou le droit de la population à des services publics de protection ou de transport, il peut s'avérer nécessaire de légiférer pour obliger les travailleurs à reprendre le travail.

5) En raison de l'importance croissante que se voient accorder les droits individuels, la souveraineté des États nationaux, naguère considérée comme inviolable, devient sujette à des interventions dites humanitaires faites au nom de la famille des nations dans des situations où il y a violation flagrante et systématique de ces droits.

6) Le droit de légitime défense, naguère reconnu autant pour les individus que pour les nations, est grandement remis en cause par l'entrée en scène des armes nucléaires, des armes biologiques et chimiques, du terrorisme international et par la prolifération non moins dangereuse des armes conventionnelles. Il est aussi assujetti à l'émergence d'une superpuissance disposant d'une force hautement supérieure à celle des puissances susceptibles de lui porter ombrage.

7) La liberté de recherche est jugée à juste titre indispensable pour le progrès des connaissances. Elle ne saurait toutefois être absolue et sans limites. Autant elle doit être sans limites dans l'exploration du monde naturel, autant elle doit être l'objet de balises quand la dignité de l'être humain et le mystère de la vie sont en cause. L'être humain n'est aux yeux de certains qu'un objet de recherche parmi d'autres. Mais c'est là une vision dangereusement immorale ou à tout le moins amorale. Ainsi que l'ont montré les expériences barbares conduites sous le régime hitlérien pendant la Deuxième Guerre mondiale, elle peut conduire à de monstrueuses atrocités. Dans le domaine des sciences reliées à la vie humaine en particulier, il importe que la liberté de la recherche soit soumise à certaines balises morales. Ces balises doivent être définies autant que possible par les chercheurs eux-mêmes. À défaut d'action de leur part, il incombe à l'autorité politique de prendre ses responsabilités.

Le fonctionnement de la société politique peut également donner lieu à des situations où les valeurs d'égalité sont en conflit avec d'autres valeurs également importantes aux yeux d'une société qui se veut éthique.

1) Les décisions doivent être prises en démocratie suivant la règle égalitaire voulant que chaque personne ait droit à un vote. L'application inconsidérée de cette règle peut cependant entraîner la négation de certains droits considérés comme fondamentaux. Aussi il est de plus en plus reconnu que son application doit être faite dans divers cas suivant des normes qui la rendent davantage compatible avec l'esprit des chartes de droits, voire même avec la justice tout court.

2) Les politiques sociales sont nécessaires. Appliquées de manière bureaucratique, elles engendrent cependant une dépendance malsaine de certaines classes de bénéficiaires à l'endroit de l'aide attendue de l'État. Aussi les sociétés industrialisées tendent de plus en plus à exiger que les bénéficiaires d'aide sociale aptes au travail acceptent de travailler dans la mesure où des emplois sont disponibles à leur intention.

3) Dans une société démocratique, tous les citoyens sont en principe libres et égaux. Les lois doivent en conséquence être les mêmes pour tous. Souvent, cependant, des aménagements juridiques particuliers faisant exception à la règle de l'égalité strictement arithmétique doivent être mis en œuvre afin d'assurer, au nom d'une égalité plus haute, le respect des groupes culturels ou linguistiques minoritaires.

4) L'invocation des valeurs d'égalité conduit le plus souvent à réclamer l'intervention de l'État pour en assurer la réalisation. Mais ces appels à l'intervention tutélaire de l'État engendrent à la longue une expansion coûteuse et étouffante des fonctions étatiques et une emprise de plus en plus forte de certains groupes d'intérêts sur des secteurs entiers de la vie collective. Il en découle inévitablement une atrophie des valeurs d'initiative, de créativité et de saine émulation dans la vie sociale et économique.

Dans les cas où les valeurs de liberté et d'égalité entrent en conflit les unes avec les autres ou avec d'autres valeurs, il incombe aux autorités politiques de prendre des décisions qui respectent le plus possible les valeurs propres aux personnes et aux groupes susceptibles d'être affectés par leurs décisions. L'éthique consiste dans ces cas à respecter au maximum la diversité du réel, à subordonner des biens moins importants à des biens plus importants et à faire prévaloir l'intérêt général sur des intérêts particuliers qui peuvent être légitimes en soi mais ne sauraient pour autant prévaloir sur le bien commun de toute la société. Elle consiste aussi à faire en sorte que les décisions devant affecter sérieusement la collectivité soient soumises autant que possible au tamisage de la délibération publique avant d'être prises.

C'est aussi au niveau de l'adéquation entre les fins et les moyens que se joue la qualité éthique de la vie politique. La société doit d'abord se donner des fins et des objectifs qui embrassent selon un ordre hiérarchique les besoins les plus élémentaires de ses membres et fassent aussi une place honorable à ses besoins les plus élevés, lesquels ne peuvent être que ceux de l'esprit. Elle a aussi l'obligation de se procurer les ressources nécessaires à la réalisation de ses projets. Des choix chargés d'implications éthiques doivent être faits à ce chapitre. Tous les dirigeants politiques sont tentés de mettre de l'avant des mesures susceptibles de plaire au peuple et à la presse. Mais on exige de plus en plus d'eux qu'ils indiquent clairement le coût des mesures envisagées et que le financement en soit assuré le plus possible par des paiements comptant plutôt que par l'endettement. Dans ce contexte issu des resserrements de l'économie, un devoir de vérité et de courage s'impose aux responsables politiques. Il leur incombe de tenir un langage vrai à la population, de l'informer correctement sur la nature et l'ampleur des besoins qui appellent des solutions et de lui dire aussi exactement que possible ce que coûteront les mesures envisagées. Il leur incombe aussi de dire aux citoyens que c'est eux qui devront payer la note et de voir à ce que celle-ci soit répartie de manière juste, suivant la capacité de payer de chacun. La tentation des politiciens est aujourd'hui de se rendre populaires en réduisant le plus possible les dépenses et en rognant pour ce faire sur la qualité des services publics aussi longtemps qu'il n'en résulte pas des protestations massives de la part des contribuables. Les principales victimes de ces coupures sont malheureusement presque toujours les personnes qui ont davantage besoin du soutien de la société politique pour subvenir à leurs besoins. Un devoir de prudence, de compassion et de courage s'impose aux responsables politiques à cet égard. Ils doivent éviter de prendre des engagements qui dépassent la capacité de payer des contribuables. Ils doivent d'autre part veiller à ce que les citoyens ordinaires aient accès aux services dont ils ont besoin pour mener une vie décente. Ils doivent enfin avoir le courage de prendre au besoin des décisions impopulaires mais nécessaires en regard du bien commun.

* * *

Parmi les dirigeants politiques des derniers siècles, Abraham Lincoln est considéré à juste titre comme l'un des plus grands. Plusieurs considèrent qu'il fut probablement le plus moral, le plus éthique des grands leaders dont l'histoire conserve le souvenir avec affection et respect. Le cheminement de Lincoln offre un exemple éloquent du niveau exceptionnel d'élévation morale auquel peut donner lieu l'engagement politique. Les valeurs de liberté étaient pour lui la raison d'être de l'Amérique. « Nos pères, écrivait-il dans le célèbre discours de Gettysburg, ont donné naissance sur ce continent à une nouvelle nation, conçue dans la liberté et vouée à servir la proposition selon laquelle tous les hommes ont été créés égaux[2]. » Au nom de l'égalité fondamentale des êtres humains inscrite dans la Déclaration d'indépendance, Lincoln voulait que la liberté soit accessible non seulement pour les citoyens de race blanche mais aussi pour les personnes de race noire qui croupissaient dans l'esclavage. Mais les dirigeants des États du sud ne l'entendaient pas ainsi. Ils tenaient à garder les noirs dans l'esclavage. Ils étaient prêts à mettre en cause l'unité du pays pour maintenir l'ordre existant. Lincoln était d'autre part profondément attaché à l'unité de la république. Cette unité était à ses yeux indissoluble. Il considérait que sa préservation était son premier devoir. Lorsque les États du sud investirent le Fort

---

[2]   A. LINCOLN, *Speeches and Writings 1859-1865*, Library of America, p. 536.

Sumter, Lincoln jugea qu'il avait le devoir de réagir par le recours à la force des armes. Il en découla une guerre longue et acharnée qui dura plus de quatre ans et fit plus d'un demi-million de morts. La victoire venait à peine de lui sourire au terme d'une lutte épuisante que Lincoln mourait sous les balles d'un assassin. Il a laissé le souvenir impérissable d'un dirigeant politique pour qui la défense des valeurs de liberté et d'égalité fut digne des plus grands sacrifices.

À la lecture des textes de Lincoln, on constate que, par-delà les codes de bonne conduite applicables aux acteurs politiques ordinaires, il existe des vertus proprement politiques auxquelles peut s'élever un dirigeant qui veut aller jusqu'au bout de l'engagement au service de ses concitoyens. La carrière de Lincoln n'épuise certes pas toute la gamme des vertus propres à l'engagement politique. Elle lui permit toutefois d'incarner à un degré exceptionnellement élevé certaines de ces vertus. Parmi les traits qui caractérisèrent Lincoln, citons :

1) le respect et l'amour du peuple : la soumission à la volonté souveraine du peuple fut un trait profondément ancré chez Lincoln. « Dans toutes les situations éprouvantes où je serai placé », disait-il devant un groupe de citoyens venus le saluer à Indianapolis au lendemain de son élection à la présidence, «je mettrai ma foi en vous et dans le peuple des Etats-Unis[3]. » Par le peuple, Lincoln entendait au premier chef les travailleurs, lesquels formaient à ses yeux la classe la plus nombreuse et la plus méritante. Il disait d'eux qu'ils sont « la base de tout gouvernement[4] »;

2) la largeur des horizons : profondément attaché au peuple américain, Lincoln embrassait néanmoins toute l'humanité dans son amour de la liberté. « Mon vœu personnel, je l'ai souvent dit, affirmait-il, est que tous les hommes, partout où ils sont, soient libres[5]. »

---

[3]   *Ibid.*, p. 200.

[4]   *Ibid.*, p. 203.

[5]   *Ibid.*, p. 358.

3) l'intégrité : Lincoln fut au-dessus de tout reproche au chapitre de l'intégrité personnelle. Il lui arriva de consentir à des décisions qui favorisaient des amis ou des connaissances. Mais on ne put jamais mettre en doute la qualité de son engagement au service de ses concitoyens;

4) la noblesse des fins : Lincoln s'était fixé un double objectif : sortir les noirs de l'esclavage et préserver à tout prix l'unité de la république. Ces objectifs élevés guidèrent toute sa conduite comme chef d'État;

5) le réalisme : Lincoln ne fut pas un idéologue; il fut plutôt un réaliste. Il souhaitait personnellement l'émancipation des Noirs dans tout le pays. Mais il était disposé à maintenir l'esclavage dans les États du sud pourvu que cette condition qu'il jugeait inacceptable soit interdite dans tout État où elle n'était pas déjà implantée. Il indiqua souvent qu'il devait établir une distinction entre ses opinions personnelles et les positions qu'il jugeait devoir défendre en qualité d'homme politique. Pour lui comme pour tous ceux qui sont passés par là, la politique était l'art du possible mais d'un possible qui n'excluait pas la poursuite des fins les plus élevées;

6) la vérité et la cohérence du discours : Lincoln fut un *debater* redoutable. Il fut aussi, sans avoir reçu aucune formation particulière à cet effet, un écrivain magnifique. Ce qui frappe dans son discours, c'est d'abord le souci de la vérité et la transparence. On sent que l'auteur dit vraiment ce qu'il pense, sans équivoque ni restriction mentale. Il y eut également chez Lincoln un souci très grand de cohérence entre le discours et l'action;

7) l'esprit de délibération : Lincoln poussa très loin l'esprit de délibération qui doit être antérieur à l'action. Devant une situation qui appelle une décision, confiait-il à un correspondant, « je dois d'abord étudier les faits matériels qui sont à la base du dossier, puis vérifier ce qui est vraiment possible, et enfin retenir ce qui semble devoir être la ligne de conduite sage et droite à suivre[6] ». On retrouve dans cette approche des éléments d'une

---

[6]   *Ibid.*, p. 353.

haute qualité éthique. D'abord, la volonté de n'agir que sur la base d'une solide connaissance du dossier à régler ; deuxièmement, le souci de peser le pour et le contre du choix à faire et de tenir compte de toutes les opinions en présence ; troisièmement, le souci d'agir avec sagesse et droiture ;

8) le sens des institutions : Lincoln fut guidé dans ses décisions par un sens très poussé du respect dû aux institutions. La Déclaration d'indépendance et la Constitution étaient pour lui des textes quasi-sacrés. « Je n'ai jamais eu, pouvait-il dire, le moindre sentiment en politique qui ne m'ait été inspiré par les sentiments inscrits dans la Déclaration d'indépendance[7]. » Il se référait de même à la Constitution avec la plus grande révérence. Il avait aussi un très grand respect pour sa fonction. Celle-ci était pour lui synonyme de devoir ;

9) l'esprit de décision et le courage : au départ, Lincoln ne semblait pas spécialement doué pour l'action. Il avait un tempérament plutôt studieux et méditatif. Mais il eut le courage de prendre la décision grave que commandait la rébellion des États du sud et de s'en tenir à cette décision aussi longtemps que dura la guerre de Sécession ;

10) la foi en Dieu : parmi les traits caractéristiques de Lincoln, on ne saurait taire la foi très vive qu'il eut en Dieu. Sans être un pratiquant assidu, Lincoln fut un homme très religieux. Il priait pour connaître la volonté de Dieu et s'engageait à réaliser cette volonté à condition qu'elle lui fût clairement indiquée. Il éloignait cependant toute pensée de révélation directe qui aurait pu lui être faite de cette volonté. « Nous ne vivons pas dans un âge de miracles, écrivait-il, et on reconnaîtra, je suppose, que je ne dois pas attendre une révélation directe[8]. » Lincoln évitait aussi d'identifier la volonté divine qu'il implorait à la cause qu'il défendait. Cette volonté, disait-il subtilement, est « quelque chose qui diffère du but poursuivi par les parties et le rôle instrumental qui leur est dévolu est peut-être la meilleure manière pour

---

7   *Ibid.*, p. 213.

8   *Ibid.*, p. 361.

chacune de s'adapter à elle[9] ». Un successeur de Lincoln qui se plaît à invoquer le nom de Dieu dans la croisade qu'il veut engager contre les forces du mal aurait des leçons de lucidité spirituelle et d'humilité à puiser dans la vie de son illustre prédécesseur.

L'éthique politique consista chez Lincoln dans un heureux alliage des vertus intellectuelles d'écoute, de rigueur, de clarté, de délibération, de lucidité et de cohérence, et des vertus morales d'élévation, d'engagement, de justice, de foi, de respect, de courage et d'amour de son peuple, qui transpire dans le récit de sa vie et dans ses écrits. L'action politique porte en dernière analyse sur la nature même de la vie en société. Assumé dans toutes ses implications, l'engagement politique va bien au-delà des choses à faire et à ne pas faire que l'on énumère dans les codes d'éthique. Il engage la vision que l'acteur politique se fait de l'être humain et de la société. Il fait appel à ce qu'il y a de plus noble et de plus profond chez les personnes qui s'impliquent en politique tout en les exposant aussi à succomber aux instincts rebelles au bien qui sont inscrits dans notre nature. Parce que ces instincts rebelles refont sans cesse surface, la liberté, la justice et la paix doivent être conquises de haute lutte et être sans cesse reconquises. Elles doivent cependant être défendues et promues avec des moyens éthiques. L'éthique n'exclut pas le recours à la force; elle exige toutefois que la force n'intervienne qu'en tout dernier lieu. C'est, me semble-t-il, dans le service de la liberté, de la justice et de la paix par des moyens proportionnels à ces fins que réside l'éthique en politique. Je souhaite que le Centre de recherche en éthique oriente ses travaux en fonction d'une vue élevée et large de l'éthique. Je souhaite aussi qu'il trouve le moyen de faire une place équitable dans ses projets aux problèmes nombreux que soulève à cet égard la participation à la société politique.

---

[9]   *Ibid.*, p. 359.

La vision chrétienne de la politique[1]

Au Canada, y compris au Québec, nous avons coutume de séparer nettement la politique et la religion. Ainsi, dans une entrevue récente à l'agence de presse Southam News, le premier ministre Jean Chrétien déclarait qu'il se considère comme « un bon catholique ». Mais il ajoutait tout de suite après : « Ma religion m'appartient et je dois m'en occuper sur une base personnelle. C'est une réalité séparée de la politique[2]. » Plus loin dans le même entretien, M. Chrétien reconnaissait qu'il a déjà voté dans le passé en faveur de projets autorisant certaines formes d'avortement. Il justifiait ces votes en disant qu'il n'avait pas voulu imposer sa moralité à d'autres. « Ce qui est requis dans une société où il existe plusieurs religions, expliquait-il, c'est de s'assurer que nous ayons la paix sociale. » On apprenait par ailleurs, lors du décès de Pierre Elliott-Trudeau, que l'ancien premier ministre était un croyant très attaché à la religion catholique. Ce trait de sa personnalité était cependant demeuré inconnu de la population car M. Trudeau n'était pas homme à faire étalage de sa foi en public. Rares sont en fait les personnages publics qui expriment explicitement au Canada leurs opinions religieuses. Nous nous distinguons à cet égard de nos voisins américains, lesquels ont une tradition très différente de

---

[1]   Allocution prononcée à Granby, le 5 juillet 2000, à l'occasion d'une rencontre organisée par le comité *Foi et culture* dans le cadre du Jubilé de l'an 2000.

[2]   *Catholic New Times*, 24 septembre 2000.

la nôtre. Aux États-Unis, il est stipulé dans la Constitution que l'État ne doit accorder de statut privilégié à aucune famille religieuse. Mais cela n'interdit aucunement aux personnes engagées dans la vie publique de parler de leurs valeurs religieuses. Plusieurs le font d'ailleurs abondamment. Au Québec, il a longtemps existé divers modes de collaboration étroite entre l'Église catholique et l'autorité politique, surtout dans les matières reliées à l'éducation, à la santé et aux affaires sociales. Mais en matière d'élections proprement dites, la tradition veut qu'il existe une nette séparation entre la religion et la politique. Je vous donnerai à cet égard un exemple qui se situe à mi-chemin entre l'époque de Laurier et la nôtre, celui de mon beau-père aujourd'hui décédé, qui fut pendant les années Duplessis un organisateur très actif de l'Union nationale dans le comté de Jos. D. Bégin. Mon beau-père était un catholique convaincu mais il n'aurait pas toléré que le curé de sa paroisse favorise un parti au détriment de l'autre à l'occasion d'une campagne électorale. Il me raconta qu'il avait un jour réclamé et obtenu le déplacement d'un curé qui avait fait montre d'un trop grand zèle pour le candidat d'un autre parti.

Si, quand on entend séparer la religion de la politique, on veut dire que l'État et l'Église ont chacun une mission distincte à accomplir et qu'il ne doit pas y avoir de confusion entre les deux dans la vie concrète, je souscris volontiers à cette affirmation. La distinction vaut cependant dans la mesure où l'on parle d'une part de la société politique organisée, c'est-à-dire de l'appareil gouvernemental et des institutions étatiques, et d'autre part de l'Église institutionnelle, c'est-à-dire d'une famille religieuse possédant une organisation visible et ses structures propres. Au niveau des institutions et du rôle public de chacune, il s'impose en effet qu'une délimitation aussi nette que possible du rôle de la société politique et des Églises soit établie. Pareille délimitation devient de plus en plus nécessaire dans la mesure où la société politique est davantage capable d'assumer toutes ses responsabilités et dans la mesure où les croyances en matière religieuse sont de plus en plus diversifiées au sein de la population, comme c'est désormais le cas au Québec.

Ce que je viens de dire vaut pour les institutions. On ne saurait toutefois en dire autant des individus. Si tous les membres de la société politique ne font pas partie de l'Église et ne sont pas tenus d'en faire partie, tous les membres de l'Église sont en contrepartie membres de la société politique. Il n'est que juste, en conséquence, qu'ils s'interrogent sur le rôle qu'ils sont appelés à y remplir en leur qualité de chrétiens. Lorsqu'on est chrétien, on s'engage en effet à l'être dans toute sa vie, non seulement à l'occasion des rites religieux. « Soit que vous mangiez soit que vous buviez et quoi que vous fassiez, nous dit saint Paul, faites tout pour la gloire de Dieu » (1 *Corinthiens* 10, 31). La consigne de l'Apôtre embrasse tous les aspects de notre existence. Elle ne fait pas d'exception pour notre appartenance à la société politique. Je voudrais, à la lumière de cette consigne, examiner successivement l'importance de la société politique dans nos vies quotidiennes, la place de la politique dans la vision chrétienne du monde et enfin les responsabilités qui découlent de son appartenance à la société politique pour le chrétien qui veut prendre sa foi au sérieux.

L'importance de la société politique

Tandis que la mission de l'Église est de répondre à nos besoins spirituels et religieux, la société politique, nous dit saint Augustin, est celle à laquelle nous nous référons pour tout ce qui concerne les besoins reliés à notre condition mortelle. Travail, nourriture, logement, sécurité des personnes et des biens, santé, instruction, transports et communications : autant d'exemples de domaines qui relèvent de nos jours de la société politique. De toutes les sociétés, y compris l'Église, la société politique est la seule à laquelle l'appartenance soit universelle et obligatoire. Je puis décider de n'adhérer à aucune religion. Je puis changer de société politique si je le veux. Mais, où que je cherche refuge dans le monde, je devrai forcément m'insérer dans une société politique. De toutes les formes de société humaine, la société politique est en outre la plus importante par l'ampleur de son objet et, en conséquence, celle qui a les titres les plus éminents au respect de tous, chrétiens compris.

La société politique exerce de nos jours un contrôle étendu sur mes allées et venues. Si elle est le moindrement organisée, je dois lui rendre compte de ma naissance, de mon lieu de résidence, de mon mariage, de la langue que je parle, de mon affiliation religieuse, de mon degré d'instruction, des enfants que je mets au monde, de l'inscription scolaire de ceux-ci, de mes qualifications professionnelles, de mes avoirs, de mes revenus, et de quantité d'autres renseignements que requièrent les rapports de toute sorte exigés par les gouvernements. La société politique peut m'obliger à payer des impôts. Elle peut, par ses lois et ses règlements, faire peser sur moi des contraintes de toute sorte. Elle peut réclamer que je me porte à sa défense au prix de ma liberté et parfois même au risque de ma vie. Elle peut enfin me contraindre par la force si je refuse de lui obéir.

En principe, on ne fait partie que d'une seule société politique. Il arrive souvent, cependant, que la société politique soit organisée de manière à inclure divers paliers de responsabilité. Au Canada, par exemple, nous avons trois paliers de gouvernement, le niveau fédéral, le niveau provincial et le niveau municipal. Jusqu'à nouvel ordre, ces trois paliers forment ensemble la société politique à laquelle nous sommes rattachés.

Pour mesurer la place que la société politique occupe dans nos vies, les critères les plus concrets sont celui des charges financières qu'elle impose et celui des services qu'elle fournit. Au Québec, tous paliers de gouvernement compris, l'appareil étatique s'approprie chaque année presque 50 % de toute la richesse que nous produisons. Pour chaque dollar de biens ou de services que je produis, près de la moitié est absorbée, sous une forme ou une autre, par les gouvernements. Parmi les redevances que perçoivent les gouvernements à même nos revenus, mentionnons l'impôt fédéral et provincial sur les revenus des particuliers, l'impôt fédéral et provincial sur les bénéfices des sociétés, la taxe de vente sur les biens et services, les taxes municipales sur la propriété, la taxe scolaire, le prix payé pour les services et produits des sociétés d'état (Hydro-Québec, Loto-Québec, Société des Alcools), l'achat obligatoire de permis de toute sorte, les cotisations à l'assurance-emploi, à l'assurance-maladie, aux pensions fédérales de vieillesse, au Régime de rentes du Québec et à l'assurance-automobile, les taxes sur l'essence, etc.

Si l'État s'approprie une part élevée de nos revenus, il offre en retour une gamme de services beaucoup plus étendue qu'autrefois. En plus des services traditionnels reliés à l'organisation physique du territoire et à la protection des personnes et des biens, la société politique assume désormais des responsabilités majeures en matière d'éducation, de santé, de services sociaux, de sécurité du revenu et de culture. Cette énumération est forcément incomplète. Elle illustre néanmoins l'importance très grande que revêt de nos jours l'appartenance à la société politique. Ne serait-ce que pour des motifs immédiatement intéressés (taxes à payer, qualité des services reçus, etc), je ne saurais être indifférent à l'endroit de mon appartenance à la société politique. Comment pourrais-je en outre être indifférent aux orientations et aux projets qu'elle se donne si, en plus de coûter un prix très élevé, les décisions qu'elle prend en mon nom ont également un impact très important sur les valeurs qui me sont chères? Comment pourrais-je demeurer étranger ou passif à l'endroit de la politique, qui est l'ensemble des processus par lesquels des personnes prennent en mon nom des décisions de la plus grande importance?

La vision chrétienne de la politique

Les activités qui se déroulent dans le cadre de la société politique se rattachent à notre existence dans le temps et donc à l'univers de la création. Qu'elles portent sur la production de biens alimentaires, l'exploitation des ressources naturelles, le commerce, les professions, le soutien aux arts et aux sciences, ou la sécurité des personnes et des biens, ces activités contribuent à rendre meilleur le milieu dans lequel se déroule notre existence dans le temps. Elles prolongent et complètent ainsi l'action du Créateur. Elles sont donc bonnes en soi car à mesure qu'il accomplissait le travail de la création, Dieu jugea en effet au terme de chaque étape de la création, nous dit la Bible, « que cela était bon » (*Genèse* 1,1-31). Elles sont encore davantage bonnes dans la perspective chrétienne du salut. En effet, selon l'enseignement de saint Paul, « toutes choses, les êtres célestes comme les êtres terrestres, doivent être ramenées sous un seul chef, le Christ » (*Éphésiens* 1,10). La vision chrétienne exclut au départ toute approche péjorative à l'endroit de l'activité temporelle. Elle confère au contraire une valeur éminente aux réalités de l'ordre politique dans l'économie du salut. Permettez-moi de rappeler à cet égard une parole magnifique que laissait tomber un jour le pape Pie XI, qui fut entre autres le pionnier de l'Action catholique et de l'apostolat laïc : «Le domaine de la politique, écrivait-il, regarde les intérêts de la société tout entière; et sous ce rapport, c'est le champ de la plus vaste charité, de la charité politique, de la charité de la Cité[3]. »On observe la même haute estime de la politique chez le pape Jean-Paul II. Au plus fort d'une crise qui menaçait d'engendrer en Italie un cynisme profond envers la politique, Jean-Paul II n'hésitait pas à formuler il y a quelques années le commentaire suivant : « Les accusations d'arrivisme, d'idolâtrie du pouvoir, d'égoïsme et de corruption qui bien souvent sont lancées contre les hommes du gouvernement, du parlement, de la classe dirigeante, des partis politiques, tout comme l'opinion assez répandue voulant que la politique soit nécessairement un lieu de danger moral, tout cela ne justifie pas le moins du monde ni le scepticisme, ni l'absentéisme des chrétiens pour la chose publique[4]. » À l'exemple de Vatican II selon lequel « la communauté politique et l'autorité publique trouvent leur fondement dans la nature humaine et relèvent par là d'un ordre fixé par Dieu[5] », le pape actuel n'a cessé d'affirmer l'éminente dignité de l'activité politique.

Mais l'originalité du christianisme, nous dit Pascal, lui vient de ce qu'il est la seule religion qui affirme en même temps l'infinie grandeur de l'homme et son infinie misère. « Cette religion, explique Pascal, enseigne ensemble aux hommes deux vérités :

---

[3]   M.-D. Chenu, *L'Évangile dans le temps*, Paris, Cerf, 1964, p. 615.

[4]   *La Documentation catholique*, n° 1978, 19 février 1989.

[5]   Vatican II, « Constitution pastorale sur L'Église dans le monde de ce temps », dans *Les seize documents conciliaires*, *op. cit.*, p. 251.

et qu'il y a un Dieu dont les hommes sont capables, et qu'il y a une corruption dans la nature, qui les en rend incapables[6]. » Nous sommes appelés selon cette vision à une vocation très élevée mais, à cause des effets de la chute originelle, notre vie concrète est le théâtre d'une lutte incessante entre le bien et le mal. Cette tension continue qui existe à l'intérieur de nous-mêmes nous rend capables du meilleur et du pire. Vérifiable dans nos vies personnelles, les suites du péché originel sont non moins présentes dans la vie des sociétés. Il semble même, selon Newman, qu'elles soient davantage à l'œuvre au niveau de la société : « Le monde, écrit le grand spirituel anglais, peut sembler être quelque peu meilleur ou pire à une époque qu'à une autre, mais il est au fond toujours le même. Je veux dire par là que le cours visible des choses, les nations, les empires, les professions, les métiers, la société, les projets de toute sorte, sans être directement et formellement mauvais (ce qui n'est évidemment pas le cas), n'en procèdent pas moins du mal et sont les instruments du mal. Leur nature est imprégnée du mal; ils descendent d'Adam et de la chute originelle; ils portent en eux la marque de l'infection du péché originel[7]. » Ces propos de Newman expliquent le jugement sévère que le Christ a porté sur le monde. Ils peuvent sembler empreints d'un pessimisme excessif. Ils sont au contraire profondément réalistes. Il est facile d'en établir le bien-fondé en évoquant la suite ininterrompue de catastrophes, de haines, de préjugés, de guerres et de tragédies dont l'histoire offre le récit.

Gouvernés par le seul jeu des rapports de forces, les rapports entre humains au sein de la société politique tendent trop souvent vers la domination des faibles par les plus forts. Nous en avons la preuve tous les jours. Pour livrer tous les fruits que l'on est en droit d'en attendre, la société politique a continuellement besoin d'un supplément d'âme qui lui rappelle le bien dont notre nature est capable. Ce supplément d'âme ne peut lui venir que de citoyens conscients de la dimension spirituelle de la vie individuelle et sociale et convaincus du rôle indispensable des va-

6   PASCAL, *Pensées*, Paris, Nelson, 1946, p. 277.

7   J. H. NEWMAN, *Sermons on Subjects of the Day*, *op.cit.*, p. 119.

leurs morales dans la conduite des affaires humaines. Il ne sera le monopole d'aucun groupe, d'aucune famille spirituelle. Il viendra de sources nombreuses et souvent inattendues. Les chrétiens ont néanmoins une responsabilité très grande à cet égard. Car le Christ dont ils se réclament a voulu que ce soit tout l'homme, et non seulement l'homme religieux, qui soit sauvé. Il a de même voulu, nous enseigne le deuxième concile du Vatican, que la participation au développement de la création soit la responsabilité propre des membres laïcs de l'Église. « Aux laïcs, nous dit le concile, reviennent en propre, quoique non exclusivement, les tâches séculières. [...] Ils doivent assumer comme leur tâche propre le renouvellement de l'ordre temporel[8]. » Étant donné ces impératifs très élevés, demandons-nous ce que pourrait être notre contribution propre à la vie politique en tant que chrétiens, et ce tant au niveau du discours qu'à celui de l'action concrète.

Valeurs chrétiennes et discours politique

La vie politique est à base de discours. La parole est, pour ainsi dire, la monnaie d'échange des acteurs politiques. Or, le discours, quel qu'il soit, se nourrit de valeurs. Les programmes des partis, les lois des parlements, les déclarations des dirigeants véhiculent des valeurs. Loin d'être réfractaires à cette réalité, nous devons au contraire la considérer comme une invitation à nous inscrire activement dans le discours politique avec la volonté d'y mettre nos valeurs propres à contribution. En raison de la diversité de plus en plus prononcée des opinions et du respect qui doit être porté à chacune, un discours politique explicitement et formellement confessionnel aura souvent un effet contraire à celui qui est recherché. Il faut accepter que se manifestent entre citoyens, et même entre citoyens chrétiens, des désaccords souvent vivaces au plan des objectifs et des moyens. Mais cette exigence ne diminue en aucune manière l'importance que, par-delà des désaccords légitimes, nous devons accorder aux valeurs

---

[8] VATICAN II, « Constitution sur L'Église dans le monde ce temps » et « Décret sur L'apostolat des laïcs », dans *Les seize documents conciliaires, op. cit.*, p. 215 et 404.

morales et spirituelles dans le travail politique. Parmi les valeurs qui me semblent devoir être mises de l'avant par les chrétiens engagés dans la politique, je proposerais les suivantes :

a) une vision élevée de la personne humaine, de sa dignité, de ses droits et de ses responsabilités, d'où découle logiquement un attachement profond pour les droits et libertés de la personne, pour la liberté radicale de la conscience à l'endroit de tout pouvoir humain, pour la liberté des familles religieuses et pour les responsabilités qui sont le corollaire obligé de toute forme de liberté;

b) une vision positive de la dignité de l'ordre politique et de l'activité qui s'y rattache, et le rejet du négativisme, du cynisme et de l'abstention envers la participation au processus politique;

c) un souci prononcé de la justice, fondé sur la reconnaissance du droit de chacun à une rétribution équitable pour son apport au bien général et sur le droit de tous à un minimum de biens économiques et sociaux;

d) une attention prioritaire aux membres plus faibles de la société;

e) un intérêt prononcé pour les dossiers présentant des implications morales importantes, par exemple la famille, le respect de la vie, l'éducation, la moralité publique, et l'intégrité des institutions publiques;

f) la recherche de la concorde et de l'amitié dans les rapports entre individus et collectivités, au plan interne et au plan international;

g) le refus d'enfermer la vie publique et les institutions dans des catégories étroitement séculières qui prétendent en exclure toute dimension spirituelle ou religieuse.

h) la disposition à témoigner explicitement de sa foi lorsque les circonstances s'y prêtent ou l'exigent. Ce n'est pas tous les jours, nous prévient Newman, que l'occasion de rendre compte explicitement de sa foi se présente pour le laïc qui vit dans un milieu séculier. Il faut se garder, ajoute-t-il, des excès de zèle mal éclairé en ces matières où le discernement, le bon jugement, le respect d'autrui et surtout la force de l'exemple doivent avoir une grande place. Le chrétien doit néanmoins être prêt à se faire connaître sous son vrai jour et au besoin à témoigner explicitement de sa foi dans le milieu politique.

Le langage des actes

Il ne suffit pas, si l'on se veut chrétien, d'affirmer des valeurs du bout des lèvres. Il faut démontrer par ses actes que l'on prend au sérieux les valeurs que l'on veut promouvoir. La politique offre à cet égard un champ d'expérience pratiquement illimité. Ayant vu de nombreux chrétiens à l'œuvre dans ce domaine, j'ai remarqué qu'ils se distinguaient en général par les traits suivants.

a) La disposition à servir plutôt qu'à se servir. Parce que tous bénéficient des avantages que procure la société politique, chacun doit être disposé à y assumer sa juste part de responsabilité. Il y a toutefois une énorme différence entre la personne qui s'engage dans la politique pour y chercher son propre intérêt et celle qui le fait dans le souci de servir. La première se met elle-même de l'avant, s'accroche à son poste une fois qu'il a été obtenu et recherche avant tout son propre avancement. La seconde s'engage en réponse à un appel venu de la communauté. Elle se montre disposée à servir aussi longtemps que ses services seront requis, sous les formes jugées opportunes, en subordonnant son intérêt personnel au bien général.

b) Pour éviter le piège du moralisme stérile en politique, il faut d'abord — que l'on soit chrétien ou non — connaître, assumer et maîtriser les règles fondamentales et les modes de fonctionnement propres à ce domaine. Il serait vain, par exemple, de vouloir jouer un rôle efficace en politique si l'on prétend au départ rejeter toute forme d'insertion dans un parti politique. Il serait non moins vain de vouloir jouer un rôle dans ce domaine si l'on n'est pas prêt à travailler très fort pour se mettre au courant des dossiers ou à consacrer beaucoup de temps au contact direct avec la population. La pratique consciencieuse des vertus morales est un préalable nécessaire pour toute personne qui veut jouer un rôle efficace en politique. On peut considérer comme obligatoires dans cette perspective la connaissance des dossiers, l'intégrité, l'esprit de collaboration, l'acceptation du travail en équipe, le souci de l'objectivité, le sens de la justice, la recherche de l'efficacité.

c) Le souci de la dimension spirituelle et morale se manifeste aussi dans la vie publique par le respect de la vérité et des personnes, et ce autant dans les relations privées que dans la conduite publique. Il est impossible de dire toute la vérité en politique mais en y mettant beaucoup d'attention, on peut réussir à tenir un langage honnête, à déformer le moins possible la vérité des faits. De même, on peut être ferme dans la défense d'une position à laquelle on tient mais on peut le faire sans dénigrer la personne de celui ou celle qui pense autrement et sans laisser croire qu'on croit détenir le monopole de la vérité ou du bon sens. Pendant les années où j'étais engagé dans la politique active, il m'est assez souvent arrivé de me trouver plus proche, en relation avec certains dossiers, d'adversaires qui avaient le respect des faits et des personnes que d'alliés qui n'avaient d'autre souci que de promouvoir un point de vue étroitement partisan. Ces liens de respect et de confiance qui s'établissent entre intervenants ayant des allégeances différentes contribuent précieusement à la cohésion, à la stabilité et à dignité de la vie politique.

d) Le chrétien qui veut être fidèle à lui-même en politique doit préserver jalousement une liberté intérieure qui le rendra capable au besoin de refuser tout compromis sur des questions qui mettent en cause des valeurs tout à fait fondamentales à ses yeux. Il agira sagement en se gardant de contracter des habitudes ou des servitudes, financières ou autres, qui le rendraient esclave de son poste. Il faut aussi et surtout qu'il évite de se laisser absorber totalement par l'esprit de parti, qui oblige souvent à agir contrairement à ses convictions réelles. La politique est l'art du possible. Le compromis y est en conséquence très important. Il doit être recherché sincèrement dans tout dossier où des opinions et des intérêts opposés sont en présence. Pratiquée à l'état de système et sans autre référence que l'intérêt à courte vue du parti, l'acceptation du compromis tend cependant à émousser le sens moral, à faire perdre de vue la dimension spirituelle inhérente à toute situation humaine. Le chrétien engagé dans la politique doit demeurer assez libre, extérieurement et intérieurement, pour être capable, sans cependant le rechercher, de renoncer aux avantages de son poste si cela devient nécessaire au regard de ses convictions.

À condition d'être faite sans ostentation ni volonté moralisatrice, la pratique des vertus évangéliques peut enfin contribuer fortement à l'humanisation, je dirais même à la spiritualisation, de la vie politique. Pendant ma carrière journalistique et politique, j'ai vu à l'œuvre à diverses reprises des hommes et des femmes qui avaient à cœur de mettre en pratique dans le milieu politique les enseignements de l'Évangile. Ces exemples ne venaient pas nécessairement de personnes qui affichaient avec le plus de panache leurs opinions religieuses. Ils venaient plutôt de personnes qui avaient un amour réel de leur prochain, un détachement sincère envers leur propre personne, un désir authentique de servir, un respect inviolable de la vérité, un attachement profond envers le bien commun et l'habitude d'agir sans chercher à se faire remarquer. Afin de rester dans les bornes d'une saine discrétion, je me dispenserai de fournir un récit détaillé de ces expériences. Je dirai cependant que j'ai toujours été particulièrement impressionné par les exemples de désintéressement personnel dont j'ai été le témoin en de nombreuses occasions, de la part d'élus, de salariés ou de bénévoles œuvrant dans le milieu politique sous l'égide de l'un ou l'autre parti.

Je voudrais, en guise de conclusion, rappeler un exemple encore plus grand, celui de saint Thomas More, que Jean-Paul II vient tout juste de désigner comme le patron des hommes et des femmes engagés dans la politique. Ce juriste anglais qui vécut au XVIe siècle avait atteint aux honneurs les plus élevés. Il exerçait ses fonctions de grand chancelier du royaume avec une compétence, une distinction et une vertu exceptionnelles. Mais il refusa fermement de prêter envers le roi Henri VIII le serment d'allégeance qui l'eut rendu complice de la conduite immorale du souverain. Il eut toutes les occasions de plier l'échine mais rien ne le fit changer d'opinion. Par sa fidélité à l'enseignement de l'Église concernant l'indissolubilité du mariage, il provoqua la fureur du roi qui le condamna à payer de sa vie le défi qu'il posait ainsi à la légitimité de ce dernier.

Dans le contexte d'aujourd'hui, où les personnes engagées dans la vie publique éprouvent le besoin de modèles qui puissent les guider dans la recherche de la vérité, « il est salutaire, écrit le pape, de se tourner vers l'exemple de Thomas More, lequel se distingua par sa constante fidélité envers l'autorité légitime et les institutions dans sa volonté de servir non pas le pouvoir mais l'idéal suprême de la justice ». Thomas More sut défendre, poursuit le pape, les droits inviolables de la conscience, la liberté de la personne devant le pouvoir, et la liberté de l'Église contre les intrusions de celui-ci. Il donna l'exemple d'une vie publique marquée au coin d'une humilité toute simple et d'un humour attachant, même au moment de sa mort. La vie de Thomas More témoigne de la haute valeur des tâches temporelles et des qualités de compétence, de zèle et de loyauté avec lesquelles elles doivent être accomplies. Mais elle nous rappelle aussi que les honneurs terrestres sont caducs et éphémères et que la vraie marque du chrétien sera toujours la fidélité qu'il saura conserver envers la volonté toujours présente de Dieu au cœur même de ses engagements les plus exigeants.

Religion et politique au Québec
à l'aube du XXIᵉ siècle[1]

Certains souhaiteraient que les rapports entre la religion et la politique soient évacués du débat public pour motif de non-lieu. Sous prétexte que les Églises ont perdu une large part de leurs adeptes et de leur influence, ils voudraient que la religion se confine désormais à la vie privée des personnes. D'autres pensent au contraire qu'en raison d'une conjoncture historique qui nécessite l'engagement urgent au service de la justice, les Églises devraient faire cause commune avec les forces qui veulent modifier par la voie de l'action politique l'équilibre des rapports économiques et sociaux à travers le monde. Je n'ai pas la prétention de trancher ces débats. À partir d'une expérience qui m'a permis de connaître de l'intérieur le monde de la religion et celui de la politique et de les aimer tous les deux, je voudrais néanmoins, sous ma seule responsabilité cela va de soi, vous soumettre quelques réflexions autour des deux questions suivantes :

1) Comment convient-il d'envisager de nos jours les rapports entre la religion et la société politique?

2) Comment envisager l'interaction de la religion et de la politique dans le Québec d'aujourd'hui?

---

[1]   Allocution prononcée à la Basilique Notre-Dame de Québec le 16 février 1997 dans le cadre des Conférences Notre-Dame.

La société politique est le cadre juridico-politique que se donne une société pour assurer son développement juste et ordonné. La forme de la société politique varie beaucoup d'un pays à l'autre. Elle est conditionnée par la géographie, l'histoire, la composition de la population, les ressources naturelles, le stade de développement économique et social, etc. Il faut en conséquence se garder de toute généralisation facile à ce sujet. Néanmoins, certaines données relatives à la société politique sont inscrites dans sa nature elle-même. D'autres, tout en étant plutôt d'ordre historique, sont désormais l'objet d'une acceptation qui déborde les frontières des pays individuels. Ces valeurs largement reconnues serviront de toile de fond pour les réflexions qui suivront sur les rapports entre religion et politique dans le contexte québécois.

Quand on compare la société politique aux autres types de société, une première observation s'impose. Tandis que toutes les autres formes de société, y compris les Églises, regroupent des membres qui ont choisi librement d'en faire partie ou qui y sont inscrits à des fins particulières, la société politique, sur le territoire qu'elle recouvre, a un caractère universel et obligatoire. Toutes les personnes qui habitent le territoire font nécessairement partie de la société politique.

En second lieu, la société politique se distingue de toute autre par l'ampleur de son objet. Elle encadre l'ordre constitutionnel, l'exercice des pouvoirs législatif, exécutif et judiciaire, la protection des personnes et des biens, la bonne marche de l'économie, la santé et l'éducation, les mesures de protection sociale, la défense du territoire, les interventions des corps intermédiaires et des groupes de pression, les charges fiscales, le rôle de la presse et de l'opinion publique, les rapports avec les autres sociétés, la paix et la guerre, etc. Par l'ampleur de son objet, la politique recouvre tout ce qui compose l'ordre temporel. En outre, le champ d'intervention des parlements et des gouvernements s'étant considérablement élargi de nos jours, l'importance de la société politique s'en trouve accrue d'autant.

En raison de sa nature et de l'étendue de son rayon d'action, il est nécessaire, en troisième lieu, que la société politique soit gouvernée. Sous peine de sombrer dans l'anarchie ou la paralysie, la société doit être dotée d'une autorité capable de prendre des décisions qui engagent l'ensemble de ses membres, c'est-à-dire d'un gouvernement. Cette nécessité n'est pas le produit du caprice ou de l'ambition de certains. Elle découle de la nature même de la vie en société.

Parmi les attributs de l'autorité politique, il faut souligner en quatrième lieu le caractère souverain de son pouvoir. Aussi longtemps qu'elle agit à l'intérieur de ses attributions, l'autorité politique doit s'exercer de manière libre et indépendante vis-à-vis de tout autre pouvoir. Cette règle vise à prévenir la mainmise des groupes de pression et des intérêts particuliers sur l'appareil politique. Elle vise aussi à empêcher l'immixtion indue des Églises dans les décisions d'ordre politique. Pendant de longs siècles, l'Église catholique exerça dans plusieurs pays une fonction de régence sur la société politique. En plus de jouir de privilèges nombreux, elle se vit parfois attribuer une autorité supérieure à celle des rois et des princes. Mais cette époque est révolue. Vatican II a clairement reconnu que « sur le terrain qui leur est propre, la communauté politique et l'Église sont indépendantes l'une de l'autre et autonomes[2] ».

Un cinquième trait de la société politique à l'époque contemporaine est son caractère démocratique. Le choix et le remplacement des dirigeants sont désormais faits par le recours au suffrage universel. Dirigeants et citoyens sont assujettis à l'autorité de la loi sur un pied d'égalité, sans distinction de rang ou de statut social.

Enfin, les sociétés politiques sont de plus en plus dirigées à notre époque par des gouvernements séculiers ou laïcs, c'est-à-dire par des gouvernements qui ne sont pas identifiés juridiquement à une confession particulière. Ces gouvernements ne sont pas mandatés pour favoriser une confession religieuse particulière. Ils ne sont pas davantage qualifiés pour définir les croyances religieuses des citoyens ou pour dicter leur conduite

---

[2]   VATICAN II, «Constitution pastorale L'Église dans le monde de ce temps », dans *Les seize documents conciliaires, op. cit.*, p. 254.

personnelle. De ce dernier caractère découlent les conséquences suivantes :

a) la liberté de conscience et la liberté religieuse sont re-connues comme des droits fondamentaux de tous les citoyens. La forme plus élevée et la plus sûre d'affirmation de ces droits réside dans des dispositions d'ordre constitutionnel;

b) les Églises à travers lesquelles s'expriment les croyances religieuses des citoyens ne jouissent plus à l'intérieur de la société politique d'un statut public supérieur ou égal à celui de l'État. Mais elles disposent en retour d'une grande liberté. Elles peuvent ainsi s'acquitter sans entrave de leur mission propre.

Les idées qui viennent d'être évoquées font désormais partie d'un patrimoine culturel et politique largement reconnu, du moins en Occident. Elles impliquent la reconnaissance d'une distinction fondamentale entre le domaine religieux et le domaine po-litique, entre l'ordre temporel et l'ordre spirituel. Déjà contenue en germe dans l'Évangile, cette distinction a été un apport ma-jeur du christianisme au développement de la civilisation. Parce qu'elle fixe des limites à leurs ambitions, elle sera toujours con-testée ou ignorée par les gouvernements en quête d'un pouvoir abusif sur les personnes soumises à leur autorité. Elle a aussi été contestée ces dernières années à l'intérieur même de l'Église par des théologiens désireux de valoriser l'engagement politique. Nonobstant ces remises en question au sujet desquelles le pape a exprimé de sévères réserves, je considère que la distinction en-tre l'ordre temporel et l'ordre spirituel demeure fondée et très actuelle. Je puiserai à cette source riche d'histoire et de sagesse une bonne partie de mon inspiration pour les réflexions qui vont suivre.

* * *

Au Québec, l'Église catholique occupa longtemps une place dominante dans l'organisation de la vie sociale. Dès le début de la Révolution tranquille, elle a cependant choisi de se désister librement de maintes tâches qu'elle avait assumées pendant plu-sieurs générations. En raison de circonstances nouvelles et de changements substantiels qui se manifestaient déjà dans les mentalités, des transformations profondes étaient devenues nécessaires dans notre système d'enseignement et dans plusieurs autres domaines de la vie collective. Je fus témoin des décisions prises à cette époque par les chefs religieux et l'autorité politique. Grâce au leadership éclairé des uns et des autres, nous sommes entrés rapidement dans un nouvel âge où la direction de la société politique a été prise en charge de manière plus complète par les dirigeants politiques et où l'Église a été appelée à se concentrer davantage sur sa mission spirituelle sans que s'élèvent entre elles des luttes ruineuses. L'exemple de réalisme que donna alors le Québec ne saurait être trop souligné. Sain en soi, ce rééquilibrage des rôles créait cependant un défi nouveau. Désormais, la responsabilité d'assurer une présence efficace des valeurs chrétiennes dans la société politique incombe plus particulièrement aux laïcs, qui doivent « assumer comme leur tâche propre, selon Vatican II, le renouvellement de l'ordre temporel[3] ». Essayons de voir sous quelles formes et dans quelles conditions cette responsabilité peut être assumée dans le Québec d'aujourd'hui.

Parmi les responsabilités qui échoient aux laïcs chrétiens en relation avec la société politique, il convient de signaler en premier lieu celles qui découlent de leur qualité de citoyens. Ces responsabilités comprennent notamment :

1) l'obligation d'obéir aux lois et de s'acquitter consciencieusement des charges qu'elles imposent à tous, en particulier en matière de taxes et d'impôts;

2) l'obligation d'exercer librement et honnêtement les droits *Bene* que la loi reconnaît aux citoyens, en particulier le droit de vote;

3) l'obligation de se tenir informés au sujet de la marche de la société politique afin de pouvoir participer de manière éclairée aux décisions touchant son orientation.

Ces obligations peuvent sembler banales. Mais l'existence très répandue de la fraude fiscale et de la fraude dans les pro-

---

3   VATICAN II, « Décret sur L'apostolat des laïcs », dans *Les seize documents conciliaires, op. cit.*, p. 403.

grammes de soutien du revenu nous rappelle qu'il y a beaucoup de travail à faire à ce niveau. Une mentalité tenace veut encore de nos jours qu'une offense contre le fisc, l'assurance-emploi ou l'aide sociale ne soit répréhensible que lorsque l'on se fait prendre en flagrant délit. À notre époque de démocratisation accrue, la formation de la conscience civique est essentielle au bon fonctionnement de la société. Il y a là un chantier majeur pour tous ceux que préoccupe la santé morale de la société, en particulier pour les Églises.

Si fondamental soit-il, l'accomplissement fidèle de ses devoirs civiques élémentaires ne saurait toutefois tenir lieu d'engagement suffisant pour un chrétien qui veut s'acquitter pleinement de son rôle dans la société. L'engagement doit aller plus loin. Il doit se traduire par une participation active dans la formation de l'opinion. Il devra aussi aller dans certains cas jusqu'à l'entrée dans la politique active. « Tous les citoyens, souligne Vatican II, doivent prendre conscience du rôle particulier et propre qui leur échoit dans la communauté politique[4]. » Le même concile affirme ailleurs que les laïcs «doivent en ce domaine agir par eux-mêmes d'une manière déterminée[5] ».

Dans le genre de société où nous vivons, l'opinion est souveraine. Dans les lieux divers où elle s'exprime, elle gravite autour de deux courants profonds qui transpirent à travers les particularismes des groupes. Un courant conservateur privilégie les valeurs de prise en charge personnelle et d'initiative individuelle; il favorise une évolution prudente et ordonnée des institutions et cherche à freiner l'expansion indue du rôle des gouvernements. Un courant réformiste met l'accent sur les changements nécessaires dans la vie politique, économique et sociale; il privilégie les valeurs d'égalité et de solidarité; il favorise davantage les initiatives collectives et l'intervention de l'État. Ces deux courants sont à l'œuvre au sein de toute société, voire à

---

[4]   VATICAN II, «Constitution pastorale sur L'Église dans le monde de ce temps», dans *Les seize documents conciliaires, op. cit.*, p. 253.

[5]   VATICAN II, « Décret sur L'apostolat des laïcs », dans *Les seize documents conciliaires, op. cit.*, p. 404.

l'intérieur de chaque personne. Ils reflètent deux tendances fondamentales de notre nature.

Le juste milieu n'existant nulle part à l'état pur, les choix de chacun, consciemment ou non, se rattachent à l'un ou l'autre courant. Le choix de l'un ou l'autre doit être fait en toute liberté par chaque personne suivant son analyse de chaque situation et sa conscience. Il peut être modifié en tout temps, ce qui explique entre autres les changements de gouvernement qui surviennent périodiquement. Mais il ne peut pas être évité. À moins de circonstances historiques très particulières, on peut en outre opter librement, si l'on est chrétien, pour l'une ou l'autre approche. Le rappel de Vatican II est clair à ce sujet : « En ce qui concerne l'organisation des choses terrestres, qu'ils (les chrétiens) reconnaissent comme légitimes des manières de voir par ailleurs opposées entre elles et qu'ils respectent les citoyens qui, en groupe aussi, défendent honnêtement leur opinion[6]. »

J'aime le réalisme de ce texte conciliaire. Dans une société qui a atteint un degré élevé de maturité politique, comme c'est à mon avis le cas du Québec, il n'existe aucune raison valable de chercher à embrigader tout le monde au service d'une façon unique de voir. Par l'ampleur de son objet et par la diversité des opinions qui y circulent, une société démocratique est réfractaire à l'uniformité des opinions. Abandonnée à sa seule diversité, elle serait par contre ingouvernable. La présence de deux courants bien campés prémunit la société contre l'uniformité. Elle empêche d'autre part la dispersion anarchique des opinions. Elle contribue ainsi à la santé du corps politique. Le maintien d'un débat sans cesse renouvelé entre tenants des deux tendances sera mille fois plus utile pour l'avancement de la société qu'une unanimité artificielle inspirée par un faux souci de rectitude politique, fut-elle inspirée des plus nobles motifs. Autant il importe que le plus grand nombre de citoyens s'engagent dans les débats pouvant affecter l'avenir de la société, autant il importe également que les chrétiens qui participent à ces débats le fassent sous leur propre

---

[6]   Vatican II, « Constitution pastorale sur L'Église dans le monde de ce temps », dans *Les seize documents conciliaires, op. cit.*, p. 254.

responsabilité, en évitant de se couvrir du manteau de la religion ou de la vertu et en faisant montre de respect pour les choix différents que peuvent faire d'autres citoyens. Il peut être justifié en certaines circonstances pour les milieux religieux de faire alliance avec les tenants d'un courant afin de promouvoir avec plus de force un objectif jugé grave et urgent. Ce genre d'alliance devrait toutefois être circonstanciel, non permanent. S'il devenait permanent, il tendrait logiquement vers une confusion entre le spirituel et le politique. Lorsque cette confusion se produit, le religieux devient une nouvelle forme de cléricalisme et le plus souvent le politique finit par l'avaler. Ce qui commence en mystique, disait Péguy, finit en politique.

La participation aux débats de société est une forme très appréciable de contribution à la vie politique. Il en va de même de la participation aux associations de toute sorte qui sont source et signe d'une grande richesse pour une société démocratique. Pour un grand nombre, l'engagement actif au sein d'un syndicat de travailleurs, d'une coopérative, d'une chambre de commerce, d'une caisse populaire, d'un organisme de loisir, d'un club de l'âge d'or, d'un groupe d'entraide, d'une association à but social, économique ou professionnel est la forme d'engagement la plus appropriée et la plus accessible. On ne saurait trop souligner à cet égard le soutien important que des milieux religieux apportent à de nombreux groupes dont l'action vise à promouvoir le développement des secteurs défavorisés de la société. En principe, les associations de cette nature, en raison de la liberté que leur reconnaît la loi, peuvent décider elles-mêmes de s'engager ou non sur le terrain politique. Je crois toutefois que, quand une association poursuit des buts religieux et s'appuie largement sur le soutien des milieux religieux, elle devrait éviter de se confondre avec les partis politiques.

Puisque nous parlons de politique, l'engagement devra se traduire chez un certain nombre de citoyens par le saut dans la politique proprement dite. Ce saut s'effectue par l'inscription dans un parti politique. Je comprends le malaise que cette perspective provoque chez plusieurs. Je dus moi-même surmonter de profondes hésitations avant de faire le saut. C'est néanmoins par le truchement des partis politiques que se réalise dans une société de forme libérale la participation directe des citoyens au gouvernement de la cité. L'existence des partis permet de regrouper en des formations organisées des citoyens représentant les deux grandes tendances dont nous avons parlé. Elle assure le fonctionnement ordonné et stable du système politique en permettant que les forces y soient réparties d'une manière équilibrée et en faisant en sorte que tour à tour, à intervalles variables, les tenants de l'un et l'autre courants aient la chance, en exerçant le pouvoir, d'agir directement sur l'évolution de la société. Le régime des partis s'accompagne d'inconvénients sérieux dont les moindres ne sont pas la tyrannie qu'exercent sur les esprits l'esprit de parti et le pouvoir énorme que ce régime confère à des groupes limités d'individus. Mais tout compte fait, les avantages qu'il procure sont supérieurs aux contraintes qu'il impose. Mieux vaut chercher à améliorer les partis de l'intérieur que de les juger sévèrement de l'extérieur. Il est possible, même si ce n'est pas toujours facile, de militer au sein d'un parti sans y aliéner sa personnalité et ses valeurs, à condition de ne jamais s'y laisser asservir par le conformisme et de se réserver en tout temps une marge inaliénable de liberté intérieure et de distance critique.

NB

Une fois que l'on accepte la réalité des partis politiques, il faut accepter de composer avec l'esprit de compétition qui l'accompagne. L'inscription dans un parti implique en effet que, sous la bannière de cette formation, l'on accepte de le soutenir dans son action pour la conquête du pouvoir. Or, la rivalité à laquelle donnent lieu les compétitions entre les partis pour l'obtention du pouvoir est parmi les plus vives, parfois même les plus farouches, qu'on puisse imaginer. L'exercice du pouvoir étant l'un des enjeux les plus séduisants que l'on puisse concevoir, la compétition entre les partis donne lieu à un déploiement souvent démesuré de manœuvres de toute sorte de la part des partis. À ceux qui s'en étonnent, il faut répondre qu'il n'y pas si longtemps, le choix des dirigeants se faisait par l'épée ou par la volonté d'un seul. La lutte organisée entre les partis reflète à bien des égards les tensions entre courants de pensée divers et intérêts opposés que l'on observe au sein de la société. La coexistence ordonnée que permet à cet égard le système des partis est préférable, quoi qu'on dise, à l'anarchie et à la dictature. Au lieu de moraliser en vain au sujet de l'esprit de compétition qui est inscrit au cœur même de l'action politique et de tant d'autres formes de l'activité humaine, il m'apparaît plus juste de l'accepter comme une donnée de notre nature et de chercher à en civiliser la manifestation à l'aide de règles et de pratiques exigeantes. Soulignons avec une juste fierté que le Québec figure au premier rang des sociétés contemporaines par la qualité des lois et pratiques qu'il s'est imposées concernant le financement des partis politiques et la conduite des compétitions électorales.

Il est impossible de traiter des partis politiques sans parler aussi de l'enjeu suprême de leur action, qui est le pouvoir. Celui-ci fascine l'imagination. On se le représente volontiers comme synonyme de puissance illimitée et de domination. Or, la réalité concrète du pouvoir invite bien davantage à la prudence et à l'humilité qu'à l'orgueil ou à la vanité. Dès qu'il entreprend d'agir, celui qui est investi d'un mandat politique doit en effet se mesurer à de nombreuses limites. Une première limite est inscrite dans la réalité même de l'État. Au lendemain d'une élection, le gouvernement fraîchement élu découvre vite que la marge de manœuvre dont il dispose pour innover est extrêmement mince en cette période de budgets austères et de globalisation. La quasi-totalité des ressources est absorbée au départ par des contraintes incontournables découlant d'engagements déjà pris. Les maigres ressources qui constituent la marge de manœuvre fort mince d'un gouvernement sont vite absorbées par des choix incontournables qui laissent forcément une foule de problèmes sans solution. En outre, la globalisation de l'activité humaine oblige toute société à s'astreindre à une discipline sévère afin d'être en mesure de soutenir la concurrence avec les autres sous l'angle de ses coûts de fonctionnement, de la qualité de ses produits et du niveau de vie qu'elle procure à sa population. Une seconde source de contrainte est inhérente au fonctionnement d'une société fondée sur le règne de l'opinion. Dans une telle société, le gouvernement doit agir en tenant compte de courants d'opinion et d'intérêts souvent opposés. Ses décisions ne peuvent être imposées brusquement. Elles doivent tenir compte de l'état de l'opinion et de la capacité d'évolution de la société. Elles seront le plus souvent le résultat de compromis qui peuvent rarement prétendre à la perfection de la justice. Une troisième source de contrainte vient de notre système politique. Les pouvoirs y sont répartis entre plusieurs paliers différents d'intervention. Le champ d'action de chaque gouvernement s'en trouve réduit d'autant. Une quatrième contrainte découle de la nature du mandat confié au gouvernement. Ce mandat embrasse une période d'au plus quelques années. Il devra être exercé sous la surveillance étroite de l'opinion. Il pourra être renouvelé si le gouvernement a agi de manière à satisfaire une majorité de la population. Mais de manière générale, il aura une durée éphémère. Ces contraintes obligent les gouvernements à faire passer les considérations fonctionnelles avant les impératifs idéologiques et contribuent ces années-ci à rapprocher les partis de ce que le président américain Bill Clinton appelait le « centre vital » de l'échiquier politique. Elles aident à comprendre que l'exercice de l'autorité politique est bien davantage un service qu'un pouvoir au sens exaltant que les partis prêtent trop souvent à ce dernier terme.

Par-delà les allégeances partisanes, l'unité de la société doit être un sujet constant de préoccupation pour les personnes engagées dans la politique. Toute société a besoin pour subsister et progresser de pouvoir s'appuyer sur l'existence au sein de la population d'un consensus large autour de certaines valeurs essentielles. Les acteurs politiques doivent veiller à préserver et à enrichir continuellement ce consensus. Évitant de se laisser aveugler par leurs divergences légitimes et leurs intérêts électoraux, ils doivent veiller à ce que les débats portant sur certains sujets fondamentaux ne dégénèrent pas en querelles étroitement partisanes. L'adhésion à certaines valeurs communes doit transcender leurs désaccords. J'ai vu cette disposition à l'œuvre à l'occasion de certains débats majeurs à l'Assemblée nationale. Ces moments où les parlementaires des deux partis surent s'élever au-dessus de leurs intérêts particuliers pour se mettre ensemble, selon l'expression qu'affectionnait Robert Bourassa, au service du bien supérieur du Québec, demeurent parmi les plus beaux souvenirs que je conserve de mes seize années de vie politique. L'attachement au Québec et à certains traits qui font de notre histoire un chapitre original et distinct de l'histoire humaine m'apparaît comme un premier sujet de consensus. L'attachement aux libertés, le refus de la violence, le respect de nos institutions et le droit à l'éducation, aux services de santé et à un réseau efficace de protection contre les risques majeurs de l'existence doivent aussi continuer à faire partie de nos valeurs communes. Même si nous n'y sommes pas encore parvenus, il faudrait également hausser à ce niveau élevé nos débats touchant le respect des droits minoritaires en matière de langue et de religion.

Il manquerait une dimension essentielle à notre réflexion si nous omettions de parler du rôle de la presse. Celle-ci est en effet un acteur politique de premier ordre. Ceci est particulièrement vrai de la télévision mais vaut aussi pour la presse écrite et la radio. Je perçois le rôle de la presse sous un jour à la fois simple et exigeant. En démocratie, le citoyen possède des droits étendus. Faute de temps et de ressources, il n'est cependant pas en mesure de les exercer aussi complètement qu'il le souhaiterait. Il échoit à la presse d'exercer en plénitude les droits et prérogatives du citoyen. Ce rôle doit lui suffire. Elle n'a pas besoin d'autres droits que ceux du citoyen pour s'en acquitter efficacement. À plus forte raison, elle n'a pas besoin de privilèges spéciaux qui en feraient une caste à part parmi les intervenants politiques. Vous me permettrez quelques rapides observations à ce sujet :

1) la presse doit jouir d'une liberté très étendue. Mieux vaut une presse libre qui abuse parfois qu'une presse servile qui garde le silence par crainte du pouvoir;

2) la presse a une mission d'information et une mission de critique. De ces deux missions indispensables, la plus importante est à mes yeux la mission d'information. De manière générale, la vérité et la liberté du débat sont mieux servies quand les deux fonctions ne sont pas confondues;

3) dans l'exercice de sa fonction critique, la presse doit s'appuyer sur une information solide. Elle doit être ferme tout en

étant juste. Elle doit aussi être ouverte à la réplique et faire une place loyale à celle-ci;

4) la presse doit être en état perpétuel de veille contre les tentatives de manipulation des gouvernements. Elle sera d'autant plus efficace à cet égard qu'elle saura conserver une saine distance à l'endroit du pouvoir;

5) la presse jouera plus pleinement son rôle si, au lieu de concentrer trop exclusivement son attention sur les aspects négatifs, conflictuels ou personnels des dossiers, elle accorde une juste place au contenu objectif et aux aspects positifs de chacun.

Depuis la Révolution tranquille, la séparation entre le pouvoir politique et les Églises est beaucoup plus nette au Québec qu'autrefois. Il restera toujours néanmoins un certain nombre de sujets qui devront donner lieu à une interaction entre les deux. La société politique peut adopter envers les Églises une attitude soit neutre, soit hostile, soit bienveillante. Cette attitude se traduira notamment :

1) par le régime juridique accordé aux Églises en matière de liberté de culte, d'association et d'expression;

2) par le statut accordé aux Églises et aux établissements religieux en matière de taxation;

3) par le soutien plus ou moins grand accordé aux initiatives des Églises et des groupes religieux au plan social et culturel;

4) par le statut accordé aux valeurs morales et religieuses dans les établissements d'éducation et de santé;

5) par l'attention plus ou moins grande apportée aux représentations des autorités religieuses dans divers dossiers intéressant la société politique et les Églises.

Une attitude de stricte neutralité me paraît impossible en ces matières : le juste milieu parfait est synonyme de vide quand il ne sert pas de prétexte à des sentiments que l'on n'ose pas avouer. L'hostilité me semble également hors de question parce qu'incompatible avec l'esprit d'une société respectueuse des libertés de religion et d'association. Une attitude de bienveillante collaboration, dans le respect de la vocation propre de chaque interlocuteur, me paraît plus réaliste et plus conforme à la tradition du Québec. Elle est réaliste parce qu'elle tient compte de l'immense capital social et spirituel que les Églises représentent encore dans la société québécoise et parce qu'elle peut contribuer à mettre ce capital au service de toute la société. Elle est conforme à notre tradition parce qu'à toutes les époques de notre histoire, il a existé un rapport d'interaction positive entre la religion et la société politique. Une interaction aménagée dans un esprit de respect mutuel s'avérera plus féconde que l'hostilité ou l'ignorance réciproque. Nous devons rechercher dans cet esprit des réponses aux questions nouvelles qui se présentent à nous concernant des sujets comme la place de la religion dans l'école et la taxation des biens religieux.

Dans la même perspective d'interaction, il est nécessaire que les Églises exercent activement leur droit d'intervenir dans les débats publics afin d'y faire entendre la voix des valeurs morales et religieuses. Ce droit d'intervention est un corollaire indispensable de la mission des Églises et de la liberté religieuse. Il m'apparaît normal, pour des motifs de clarté et de d'unité, que ce droit s'exerce surtout par la voix des chefs religieux, dont c'est la mission propre de parler au nom de la communauté chrétienne. Depuis la période déjà lointaine où les grandes interventions des évêques dans les conflits sociaux et du cardinal Léger dans les questions d'éducation défrayaient la manchette des journaux, les interventions des chefs religieux dans les débats du jour se sont faites plus rares et moins percutantes au Québec. Je souhaiterais qu'ils parlent plus fréquemment et qu'ils le fassent suivant des normes de rigueur élevées comme celles que sut incarner aux États-Unis le regretté cardinal Bernardin dont l'influence sur les interventions publiques de l'épiscopat de son pays fut décisive. Je souhaiterais aussi qu'ils veillent, avant de se prononcer, à s'enquérir de l'avis de tous les milieux intéressés et à considérer avec une égale attention tous les points de vue en présence.

* * *

J'ai tenté jusqu'à maintenant de faire ressortir la signification éminemment positive que la conscience chrétienne attache aux réalités de l'ordre temporel et particulièrement à la société politique. Je voudrais en terminant examiner une question qui est souvent adressée aux personnes engagées dans la politique. Y a-t-il une manière proprement chrétienne de faire de la politique? Peut-on envisager un style d'engagement qui distinguerait le chrétien engagé dans ce secteur?

Le chrétien qui s'engage en politique doit le faire à son titre de citoyen, avec une humilité de bon aloi, sans aucune pensée de supériorité ou d'infériorité envers quiconque. Il doit être conscient que, personnellement, il est l'égal — sans plus — des autres personnes qui partagent le même engagement, quelle que soit leur allégeance religieuse. Il doit en conséquence aborder son travail avec une attitude fondamentale de respect envers les personnes qui ne partagent pas ses opinions et en admettant *a priori* qu'il peut arriver que leurs idées soient meilleures que les siennes. Il doit aussi s'employer à bien comprendre l'objet et les enjeux de la politique, les limites inhérentes à ce mode d'action et les conditionnements concrets qui en règlent l'exercice en démocratie. La personne bien avertie de ces choses sera mieux prémunie contre ses propres ambitions et aussi contre certaines illusions messianiques trop souvent véhiculées par les milieux politiques.

Cela étant, le conseil que Newman donnait il y a plus d'un siècle aux chrétiens de son pays touchant l'engagement dans des activités séculières vaut aussi pour les chrétiens d'aujourd'hui qui s'engagent dans la politique. Qu'ils y rendent gloire à Dieu non pas en cherchant à se sortir de leur milieu mais en y étant engagés de l'intérieur, non pas avec des paroles vaines et intempestives mais d'abord par leur application et leur zèle dans l'accomplissement de leur tâche, par un souci élevé de la justice et de l'intégrité dans l'action et par des manières d'agir qui contribueront à la bonne qualité des rapports sociaux. Qu'ils pratiquent entre autres, conseille Newman, « la droiture, l'intégrité, la prudence, la franchise, l'affabilité, la bonté et l'amour fraternel[7] ». Qu'ils se laissent surtout pénétrer eux-mêmes, ajoute-t-il, par l'esprit de Dieu, « car celui qui s'efforce d'établir le royaume de Dieu dans son cœur le fait avancer dans le monde[8]. »

Sans s'attribuer le monopole de ces questions, sans nécessairement être d'accord entre eux sur les mesures concrètes à envisager pour les résoudre, les chrétiens engagés dans la politique devraient se distinguer de manière habituelle par leur intérêt publiquement exprimé envers certaines questions qui, tout en relevant à des degrés variables de l'autorité politique, interpellent avec insistance la conscience humaine dans ce qu'elle a de plus profond et de plus noble. Parmi ces sujets, mentionnons l'intégrité des mœurs politiques, les droits de la personne, le respect de la vie, la protection de l'environnement, la juste répartition des chances et des charges dans la société, le bien de la famille et de l'enfance, les impacts humains de la « nouvelle économie », la qualité des lois sociales, des services d'éducation, des services de santé et des services sociaux, et la solidarité envers les membres plus vulnérables de la société. Les chrétiens engagés dans la politique doivent être prêts à soulever ces questions avec une solide connaissance des sujets traités, en portant une attention particulière aux interventions des milieux sociaux et religieux compétents et en étant prêts à afficher clairement leurs propres couleurs.

La politique offre enfin un vaste champ d'application pour la pratique de conduites plus directement inspirées de l'Évangile. Nous sommes enclins à penser que les passages les plus percutants de l'Évangile sont de l'ordre du conseil et que la pratique en est réservée en conséquence aux personnes qui ont choisi de vivre en marge du monde. Tel n'est pourtant pas le cas. L'appel à la conversion du cœur s'adresse à tous. Il ne fait pas exception pour ceux et celles qui sont engagés dans la politique. La con-

---

[7]   J. H. NEWMAN, « Doing Glory to God in Pursuits of the World », dans *Parochial and Plain Sermons*, Vol. VIII, London-Oxford-Cambridge, Ed. Livingston, 1873, p. 164.

[8]   J. H. NEWMAN, « Connexion between Personal and Public Improvement », dans *Sermons bearing on Subjects of the Day*, Oxford, Ed. Rivington, 1844.

version doit se traduire non par des gémissements vains mais par des actes concrets. Nombreux sont les thèmes évangéliques qui sont d'une actualité certaine en rapport avec l'engagement politique. Mentionnons entre autres la soif de la justice, le respect de la vérité, le souci du travail en profondeur, l'attention envers les membres plus faibles du corps social, l'amour de l'adversaire, le pardon des offenses, l'oubli de soi dans le service, le détachement envers la richesse et les honneurs, et la liberté intérieure envers tous les pouvoirs humains. La politique est trop souvent une jungle où la loi du plus fort est jugée la meilleure. Néanmoins, elle donne parfois lieu à des comportements exemplaires dont l'opinion publique n'est pas saisie car, par définition, ils doivent le plus souvent rester cachés.

Ayant vécu dans le milieu politique québécois pendant plus de seize ans, j'ai constaté la faiblesse de l'information à laquelle les hommes et les femmes engagés dans ce milieu ont accès en matière religieuse. J'ai constaté aussi l'absence presque complète d'animation spirituelle dans le milieu politique. Les hommes et les femmes politiques ont peu souvent l'occasion de discuter sérieusement de sujets religieux. Ils n'ont pas davantage l'occasion de les approfondir. D'autre part, il n'existe à ma connaissance aucun lieu où, par-delà les allégeances partisanes, des hommes et des femmes engagés dans la politique pourraient se retrouver pour approfondir les aspects spirituels de leur engagement.

Il y aurait un travail à entreprendre afin que les élus et les responsables des partis politiques soient mieux informés des interventions émanant des milieux religieux en relation avec des sujets d'intérêt public. Il serait souhaitable que des rencontres périodiques aient lieu entre les autorités des Églises et les dirigeants politiques autour de sujets d'intérêt commun. Il serait enfin très bienfaisant que se créent des lieux de réflexion et de ressourcement spirituel à l'intention des personnes qui œuvrent dans la politique. La politique exige beaucoup de ceux qui s'y adonnent. Elle leur fournit en retour peu d'alimentation en profondeur. Il y a là un chantier important à explorer pour ceux qui se préoccupent de ce que sera la dimension spirituelle de la politique dans le Québec du XXIe siècle.

V
La doctrine sociale de l'Église

Une dimension méconnue de notre héritage : l'enseignement social de l'Église[1]

L e tout commence par une histoire très simple. Avec la collaboration d'un groupe créé à cette fin par le Centre Newman, la Faculté des arts de l'Université McGill a inauguré l'an dernier une chaire d'études catholiques dont le but est de permettre aux étudiants intéressés de se familiariser avec le catholicisme. Dans le cadre de ce programme, je donne cet hiver pour la deuxième fois un cours intitulé « Catholic Social Thought », lequel est en réalité un cours sur l'enseignement social de l'Église catholique. J'avais accepté l'invitation qui m'avait été faite de donner ce cours sans trop mesurer les implications de ma décision. Je puis maintenant vous dire que la préparation de ce cours a nécessité beaucoup de travail mais que je ne le regrette en aucune manière.

Ayant été formé à une époque et dans un milieu où il en était beaucoup question, je croyais en effet connaître assez bien l'enseignement social de l'Église. La connaissance que j'en avais ne s'était toutefois pas renouvelée suffisamment pour être vraiment à jour. Pendant une période assez longue où mes engagements m'avaient empêché d'en suivre de près le développement, cet enseignement avait de son côté continué

---

[1] Conférence prononcée à l'Université du Québec à Montréal le 14 février 2003 devant un groupe de personnes retraitées.

d'évoluer. Je réalisai rapidement que, pour en rendre compte de manière vraie et juste, je devrais m'astreindre à un travail de préparation plus exigeant que je ne l'avais prévu.

J'ai dû entreprendre pour commencer la lecture des principales encycliques où est consigné l'essentiel de l'enseignement social de l'Église à l'époque moderne. Au nombre de neuf, ces encycliques sont *Rerum Novarum* (1891) de Léon XIII, *Quadragesimo Anno* (1931) de Pie XI, *Mater et Magistra* (1961) et *Pacem in Terris* (1963) de Jean XXIII, *Populorum Progressio* (1967) et *Octogesima Adveniens* (1971) de Paul VI, et enfin *Laborem Exercens* (1981), *Sollicitudo Rei Socialis* (1987) et *Centesimus Annus* (1991) de Jean-Paul II. Toutefois, la lecture des seules encycliques s'avère vite insuffisante pour qui veut rendre compte sérieusement de l'origine, du sens exact et de la portée réelle de maints propos que l'on trouve dans ces textes officiels. Aussi m'a-t-il fallu ajouter à ces textes de base un grand nombre d'autres textes provenant tantôt des papes, tantôt du second Concile du Vatican, tantôt des conférences épiscopales nationales ou régionales, tantôt d'organismes et de publications divers, tantôt de théologiens et de spécialistes des sciences humaines, tantôt de sessions d'études consacrées à l'examen de tel ou tel aspect de l'enseignement social de l'Église, tantôt de publications diverses. Il m'a fallu aussi relire de nombreux passages de la Bible, laquelle est le fondement ultime sur lequel repose cet enseignement, et maintes pages d'histoire, sans lesquelles il est difficile de bien comprendre et situer divers épisodes qui ont marqué son évolution.

Ce n'est qu'au bout de plusieurs mois de lectures et d'étude que je pus mettre au point un plan de cours réparti sur 40 leçons. Le plan du cours comprend cinq leçons d'introduction, dix leçons consacrées à la vie économique, dix leçons consacrées à la vie sociale et culturelle, dix leçons traitant de la vie politique, et six leçons portant sur la vie internationale. Il y eut une quinzaine d'inscriptions la première année. Tout en reconnaissant qu'elle est encore toute jeune, je retiens de cette expérience quelques réflexions que je voudrais partager avec vous.

Tout d'abord, je suis convaincu que la religion est un objet important d'expérience et de connaissance humaine à laquelle une université, dont le nom même est synonyme d'ouverture à toutes les formes de connaissance, ne saurait être indifférente. Il peut y avoir maintes façons de faire une place à la religion à l'université. Mais il serait arbitraire et injuste, selon moi, d'exclure ce domaine des champs de connaissance qui doivent intéresser l'université. Sur 6 milliards d'êtres humains qui habitaient la planète en l'an 2000, 150 millions déclaraient n'avoir soit aucune croyance en un être suprême et 762 millions affirmaient n'avoir aucune affiliation religieuse. Par contre, l'immense majorité, soit plus de 5 milliards, déclaraient croire en Dieu et être affiliés à une religion organisée. De ce nombre, 2 milliards étaient affiliés à des religions chrétiennes, dont plus d'un milliard à l'Église catholique[2]. Ces chiffres ne sont pas tellement éloignés de notre propre réalité. Au Québec et au Canada, de nombreux sondages indiquent en effet que 85% de la population croit en l'existence d'un être suprême. Au Québec, 7 personnes sur 10 déclarent en outre que Dieu est présent dans leur vie. Il faut certes éviter de faire dire à ces données plus qu'elles ne disent. Elles témoignent néanmoins d'une incontestable résilience du fait religieux.

Ces faits plaident, me semble-t-il, en faveur de la reconnaissance de la religion comme champ d'étude de première importance pour l'université. Je me réjouis dans cette perspective de l'intérêt que McGill porte aux études religieuses. Cette université compte depuis de nombreuses années une Faculté d'études religieuses dont la qualité est largement reconnue. La création à la Faculté des arts d'un programme destiné aux étudiants de diverses disciplines soucieux d'acquérir une meilleure connaissance du catholicisme ajoute une dimension nouvelle au dispositif déjà en place. Les étudiants de foi catholique constituent une part importante de l'effectif étudiant à McGill. Il m'apparaît raisonnable et juste, qu'à eux et aux autres étudiants que ce sujet peut intéresser, la possibilité soit donnée d'acquérir librement, pendant qu'ils sont à l'université, une meilleure connaissance d'une religion qui, en plus d'être celle de plusieurs d'entre eux, est l'une des plus importantes, sinon la plus importante du monde par

---

[2]   *World Almanach and Book of Facts* 2001, p. 693, 860.

l'ampleur et la profondeur de son message, par ses effectifs, par sa durée dans le temps et par l'étendue de ses ramifications.

De Léon XIII à Jean XXIII

L'enseignement social de l'Église remonte, dans sa forme moderne, à l'encyclique *Rerum Novarum*, publiée en 1891 par Léon XIII. Il traitait surtout à cette époque des questions reliées à la condition ouvrière. Il témoignait aussi d'une profonde méfiance à l'endroit des nouvelles formes de gouvernement qui s'implantaient dans divers pays. À ces nouveaux régimes, inspirés les uns du socialisme, les autres du libéralisme, l'Église reprochait de vouloir exclure la religion de la vie sociale. Tout en reconnaissant l'autorité propre des pouvoirs temporels, elle soulignait avec insistance qu'à son avis, il ne pouvait pas y avoir de séparation radicale entre la religion et la vie sociale, économique, culturelle et politique. L'encyclique *Rerum Novarum* marquait à cet égard une innovation majeure. Avec cette encyclique, l'Église épousait en effet les revendications de la classe ouvrière et montrait en quoi la religion pouvait être un ferment important de lutte contre l'injustice. Un fossé profond continua néanmoins d'opposer l'Église et la culture moderne, longtemps après Léon XIII.

Un virage majeur survint a cet égard sous le pontificat de Jean XXIII. Il y eut d'abord la publication de deux encycliques consécutives, *Mater et Magistra* et *Pacem in Terris*, puis la tenue du deuxième concile du Vatican. Ces événements permirent à l'Église catholique d'élargir le champ de son enseignement social non plus seulement à la question dite sociale, mais à l'ensemble de la vie en société et en particulier au vaste domaine des droits humains. Les questions sociales y occupent toujours une place importante mais les questions reliées aux droits humains, à la culture et à la politique ont pris beaucoup d'importance sous le pontificat de Jean-Paul II. La perspective internationale y est également omniprésente.

Ayant pour objet l'amélioration des conditions de la vie en société, l'Église doit d'abord s'enquérir des situations de fait. Grâce à ses ramifications dans toutes les parties du monde, elle dispose à cette fin de sources abondantes d'information. Elle a en outre accès à l'avis de spécialistes de diverses disciplines et à une abondante documentation diffusée par les gouvernements, les institutions internationales et d'innombrables centres privés de recherche. Les informations sur lesquelles s'appuient les interventions de l'Église sont bien documentées mais d'ordre forcément général. La marge d'erreur en est diminuée d'autant. Sous l'aspect de la rigueur, de la qualité et du caractère plus ou moins complet de l'information, les interventions de l'Église en matière sociale sont néanmoins tributaires de la culture de l'époque et du milieu où l'information voit le jour. Dans la même mesure, elles demeurent sujettes à critique et à évolution. Le rôle de la femme dans la famille et la société fournit un exemple éloquent de ceci. Au temps de Léon XIII, l'Église enseignait que le travail de la femme se situait dans la famille et que l'épouse devait obéir à l'autorité du mari. Elle enseigne aujourd'hui que l'homme et la femme, tout en étant différents à maints égards, sont égaux en dignité et en droits autant dans la famille que dans la société. Il existe de nombreux autres exemples d'une semblable évolution dans l'enseignement social de l'Église. De même, au temps de Léon XIII, l'Église enjoignait aux ouvriers catholiques de faire partie de syndicats confessionnels. Mais avec le temps, les décisions de cette nature ont été de plus en plus laissées au libre discernement des épiscopats nationaux et des milieux concernés dans chaque pays.

Les principes majeurs

L'Église reconnaît d'emblée qu'elle n'a pas compétence pour fournir des solutions précises aux problèmes économiques, sociaux et politiques auxquels font face les sociétés modernes. Elle est par contre convaincue que des valeurs morales et spirituelles importantes sont impliquées dans les choix économiques, sociaux et politiques que font les citoyens et les dirigeants de la vie économique et politique. Elle a conscience d'être la gardienne et la promotrice de ces valeurs. Ses interventions en matière sociale ont essentiellement pour objet d'établir un lien vivant entre ces valeurs qu'elle représente et la vie concrète des sociétés et de leurs institutions. Trois principes majeurs inspirent ses interventions.

a) *La dignité de l'être humain* : la dignité de la personne humaine est de plus en plus largement reconnue dans le monde actuel, du moins en principe. La Déclaration universelle des droits de l'homme adoptée en 1948 par les Nations Unies, ainsi que les chartes de droits proclamées par divers pays dont le Canada, en sont la manifestation la plus solennelle. Ces documents officiels affirment la dignité de la personne humaine. La plupart demeurent cependant discrets quant à l'origine de cette dignité et quant au fondement sur lequel elle repose. En affirmant que l'homme est créé à l'image de Dieu, qu'il a une vocation qui transcende le temps, que tous les êtres humains sont égaux en dignité et en droits, l'enseignement social de l'Église propose des réponses à des questions qui se posent à tous les êtres humains mais auxquelles ni les pouvoirs politiques ni les pouvoirs économiques ne peuvent apporter de solutions.

b) *Le principe de solidarité* : ayant reçu de son fondateur le mandat de communiquer la Bonne Nouvelle du salut à tous les hommes et femmes de bonne volonté, où qu'ils soient et sans distinction de sexe, d'origine, de couleur, de race, de nationalité, de condition sociale ou de culture, étant implantée au surplus dans tous les pays du monde, l'Église catholique est bien placée pour affirmer que les êtres humains forment ensemble une grande famille dont tous les membres sont liés les uns aux autres par une communauté de destin. Elle reconnaît et respecte les particularismes culturels et les différences de talents et de mérites, mais elle affirme que, néanmoins, tous les êtres humains sont solidaires. Le droit au développement vaut à ses yeux non seulement pour les individus mais aussi pour les peuples. D'où l'accent qu'elle met sur la nécessité d'une plus grande ouverture des pays riches à l'endroit des pays en voie de développement. D'où aussi l'accent plus fort qu'elle met depuis la fameuse Conférence de l'épiscopat latino-américain tenue à Medellin en 1969, sur l'attention prioritaire qui doit être accordée aux pauvres.

c) *Le principe de subsidiarité* : l'Église catholique a toujours affirmé la nécessité d'une autorité pour le bon fonctionnement de la vie en société. Elle affirme également que, de toutes les formes d'association humaine poursuivant des buts temporels, la société politique est la plus éminente, celle qui doit primer sur les autres. Mais elle soutient aussi que la dignité de la personne doit se réaliser d'abord par la prise en charge personnelle et par les associations et institutions auxquelles les individus donnent naissance de leur propre initiative, à diverses fins. Tout en soutenant que l'État doit prendre en charge les problèmes qui relèvent du bien commun et veiller en particulier à harmoniser les exigences de la liberté avec celles de la justice, elle enseigne qu'il doit professer le plus grand respect pour les corps intermédiaires, c'est-à-dire pour les innombrables formes de regroupement qui découlent de l'initiative des citoyens eux-mêmes. Elle soutient que l'État doit respecter le droit qu'ont les citoyens de former librement des associations et d'en définir eux-mêmes les fins et les règles de fonctionnement et qu'il doit éviter de se substituer aux corps locaux et régionaux dans les rôles que ceux-ci sont mieux en mesure d'assumer. Ces affirmations peuvent sembler banales aujourd'hui. Mais il fallait beaucoup de courage pour les énoncer publiquement au temps des dictatures fascistes et marxistes.

d) Aux trois principes énoncés ci-dessus, il conviendrait à mon humble avis d'en ajouter un quatrième, vu l'importance que revêt désormais ce sujet, soit *le respect de la création*. Jean-Paul II a reconnu à maintes reprises que les développements des dernières décennies ont créé des conditions nouvelles qui mettent en péril l'avenir même de la planète et de l'espèce humaine. Il a exprimé l'appui de l'Église aux personnes et aux mouvements qui se consacrent à la protection de l'environnement et à la promotion d'une gestion plus responsable des ressources naturelles. Comme les trois principes précédents ne traitent pas explicitement de ce sujet, il conviendrait d'en faire l'objet d'un principe distinct, afin d'en faire mieux voir la gravité et l'urgence. Ce principe est déjà très présent dans l'enseignement de Jean-Paul II. Sa pertinence apparaît de plus en plus grande dans l'état actuel de la planète.

Quelle portée concrète?

L'application des principes énoncés ci-dessus aux situations concrètes est l'objet propre de l'enseignement social de l'Église. Celle-ci n'a toutefois pas de programme politique ou économique à mettre de l'avant. Elle s'applique plutôt à tirer de ses principes des orientations susceptibles d'inspirer la conduite des personnes et des groupes ayant pour mission d'agir au plan économique, social, culturel et politique. L'Église a tiré de ces principes un certain nombre d'orientations fondamentales qui furent présentes dès le temps de Léon XIII et demeurent toujours actuelles. Citons à titre d'exemples :

a) l'affirmation de la liberté de conscience et de la liberté de religion, dont Jean-Paul II ne cesse de dire qu'elles sont le fondement le plus sûr de toutes les autres libertés;

b) l'affirmation du droit de propriété privée, conjuguée cependant au rappel constant de la nécessaire subordination de l'exercice de ce droit à la destination universelle des biens de la création;

c) l'affirmation de la dignité et du droit d'association des travailleurs;

d) l'affirmation du rôle indispensable des corps intermédiaires;

e) l'affirmation du rôle fondamental de la famille et du respect dû à toute forme de vie humaine;

f) l'affirmation de l'attention prioritaire qui doit être portée aux personnes et aux milieux défavorisés par les circonstances de la vie;

g) l'affirmation de l'autorité suprême de la société politique et de la règle du droit dans les affaires d'ordre temporel;

h) l'affirmation du rôle positif qui doit être joué par l'État non seulement pour le maintien de l'ordre mais pour une juste répartition des chances et des biens;

i) le rejet de la violence comme mode de règlement des conflits.

À ces orientations sont venues s'ajouter d'une époque à l'autre de nombreux enrichissements. Aujourd'hui, l'enseignement social de l'Église porte pratiquement sur tous les aspects de la vie en société et embrasse tout l'horizon des droits humains. Les droits humains que reconnaît l'enseignement social de l'Église coïncident de manière générale avec ceux que définissent la Déclaration universelle des droits humains, la Charte canadienne des droits et libertés et la Charte québécoise des droits et libertés de la personne. Il y a cependant une exception importante. L'Église affirme en effet que la vie de l'être humain commence dès le moment de la conception et doit être protégée à compter de ce moment tandis que les chartes précitées sont silencieuses à ce sujet.

On attend de l'Église qu'elle ne se borne pas à porter des jugements généraux mais que ses interventions rejoignent les situations concrètes dans lesquelles vivent les humains. Tout en étant consciente que plus elle s'avance sur le terrain des solutions concrètes, plus ses interventions deviennent sujettes à contestation, l'Église, tantôt par la personne du pape, tantôt par les Conférences nationales ou régionales d'évêques, tantôt par des initiatives émanant de groupes ou d'associations diverses, intervient souvent dans des dossiers cruciaux. Le pape, par ses nombreuses déclarations sur les sujets les plus brûlants de l'actualité internationale, défraie souvent les manchettes de la presse internationale. Faisant partie de l'ONU à titre d'observatrice, l'Église intervient régulièrement, par ses représentants attitrés, dans les débats qui se poursuivent à l'année longue au sein de cet organisme et de ses nombreuses agences. Dans les pays où elle est implantée, il lui arrive souvent de prendre position dans des conflits sociaux, voire en diverses circonstances dans des conflits politiques, qui mettent en cause des principes importants. Il lui arrive aussi de témoigner devant des organismes parlementaires ou gouvernementaux et de participer à diverses rencontres afin d'y présenter certains aspects de son enseignement. En vertu des droits et libertés reconnus à tout citoyen, les porte-parole de l'Église ont le droit de faire ce type d'intervention. Ils peuvent même juger que c'est leur devoir de les faire. Cependant, de telles interventions peuvent être davantage sujettes à contestation. Dans leur célèbre *Lettre pastorale sur l'économie* publiée en 1986, les évêques américains émirent à ce sujet un commentaire éclairant : « Nous croyons, écrivirent-ils, que nos recommandations sont raisonnables. Dans notre analyse de l'économie, nous avons rejeté les idéologies extrémistes et choisi de partir du postulat que notre économie, étant le produit d'une longue histoire de réformes et d'ajustements, est une économie mixte. Nous sommes conscients que certaines de nos recommandations sont sujettes à discussion. En qualité d'évêques, nous ne prétendons pas parler avec la même sorte d'autorité quand nous émettons des jugements d'ordre prudentiel que lorsque nous intervenons au niveau des principes. Mais nous estimons être tenus de montrer par l'exemple comment les enjeux économiques peuvent donner lieu de la part des chrétiens à des analyses concrètes et à des jugements précis. Les enseignements de l'Église ne peuvent pas en rester au niveau des généralités attrayantes[3]. »

L'enseignement social de l'Église demeure-t-il trop général pour avoir une portée réelle sur la vie concrète des personnes et des peuples? C'est là une opinion souvent entendue. Cette opinion est toutefois contredite par l'exemple de nombreux témoins qui, chaque année, paient de leur vie ou d'un emprisonnement arbitraire leur engagement au nom de leur foi dans des causes qui mettent en jeu les droits et libertés fondamentaux et les valeurs de justice. Elle n'est pas non plus partagée par un observateur qui occupa longtemps un poste de premier ordre sur le plan international. Directeur général pendant plusieurs années du Fonds monétaire international, Michel Camdessus évoquait il y a trois ans devant la Fondation Centesimus Annus de nombreux problèmes inédits engendrés par la financiarisation de l'économie à l'échelle mondiale. Tout en émettant le vœu que ces nouveaux problèmes soient l'objet d'un examen attentif de la part de l'Église catholique, il laissait tomber les paroles suivantes : « Permettez-moi d'ajouter un seul mot pour dire combien, tout au long de ces années de service, la parole de l'Église m'a apporté

---

[3]   National Conference of U.S. Catholic Bishops, *Economic Justice for All. Pastoral Letter on Catholic Social Teaching and the U.S. Economy*, 1986, par. 20.

une lumière vitale : du document de décembre 1998 de Justice et paix pour une approche éthique de l'endettement international jusqu'au document sur le développement des activités financières, auquel je me suis tellement référé, et évidemment de *Sollicitudo Rei Socialis* à *Centesimus Annus* et à l'inlassable enseignement du Saint-Père. » « L'Église, poursuivait-il, a une parole forte et cohérente pour aider les hommes à conjurer leurs peurs et à mobiliser leurs forces pour construire un monde uni et solidaire. » « Certes, elle n'a pas de modèle à nous offrir, dit le Saint-Père dans *Centesimus Annus*, et Dieu soit loué car tel n'est pas son métier. Mais sa doctrine sociale a déjà guidé d'innombrables acteurs de l'humanisation du monde. Elle a plus que jamais un rôle à jouer, elle aussi, pour humaniser la mondialisation[4]. » Dans le même ordre d'idées, Jacques Delors, ancien président de la Commission de l'Europe unie, rappelait vers le même temps qu'à l'origine de l'union européenne, il y eut une rencontre d'un groupe de personnalités dont la majorité professaient une vision de la vie en société inspirée des valeurs de liberté, de solidarité et de fraternité incarnées par le christianisme[5].

Entre 1900 et 1950, l'enseignement social de l'Église eut un impact important au Québec. Alphonse Desjardins et ses collaborateurs étaient informés des enseignements de Léon XIII. Ils inventèrent un mode de mobilisation des épargnes des petites gens qui conciliait parfaitement les enseignements de l'Église catholique et les avantages et exigences de la formule coopérative. Il revint à leurs successeurs contemporains, également inspirés pour la plupart par les enseignements sociaux de l'Église, de transformer en un puissant conglomérat coopératif le mouvement issu de la première caisse fondée à Lévis au début du siècle dernier. Si un grand nombre de caisses populaires prirent naissance dans des sous-sols d'églises ou de presbytères, si les premiers propagandistes régionaux des caisses furent souvent des

[4]   M. CAMDESSUS, «Éthique et finance. Conférence au congrès de la Fondation Centesimus Annus», dans *La Documentation catholique*, n° 2226, 21 mai 2000.

[5]   J. DELORS, «Esprit évangélique et construction européenne», dans *La Documentation catholique*, n° 2220, 20 février 2000.

prêtres, ce ne fut pas par accident mais parce que les caisses Desjardins purent compter sur l'appui d'un clergé qui voyait en elles une incarnation exemplaire de l'enseignement de Léon XIII et de ses successeurs. L'Église joua de même un rôle majeur dans l'implantation du syndicalisme agricole, des coopératives rurales et du syndicalisme ouvrier au Québec. Elle ne craignit pas de se mouiller dans des conflits célèbres qui, à son jugement, mettaient en cause des valeurs jugées essentielles selon les normes de l'enseignement social de l'Église.

Le pouvoir d'initiative de l'Église n'est plus aussi visible dans la société québécoise. Il s'exerce désormais moins au niveau des structures et des institutions. Mais il continue de se manifester au niveau de la formation des attitudes et à travers des initiatives qui, sans toujours faire du bruit, collent à la réalité des gens ordinaires. L'Église du Québec a pris le virage de l'option préférentielle en faveur des pauvres. Elle épouse fréquemment des causes qui impliquent à son jugement des enjeux porteurs de valeurs morales. Elle a elle-même un train de vie plus modeste. Elle suscite et soutient aussi de nombreuses initiatives ayant pour objet l'amélioration de la condition des milieux moins favorisés. À l'occasion d'une étude sur la pauvreté à laquelle je fus associé il y a quelques années, je fus agréablement étonné de constater que les communautés religieuses, les communautés paroissiales et diverses associations catholiques étaient impliquées de manière directe ou indirecte dans des entreprises et organismes communautaires vouées au service et à la promotion des milieux moins favorisés.

Conclusion

En guise de conclusion, je voudrais soumettre à votre attention trois brèves observations.

1) L'enseignement social de l'Église est une partie importante de l'enseignement de l'Église catholique. Il ne peut pas, disait Jean XXIII, « être séparé de l'enseignement traditionnel de l'Église

concernant la vie humaine[6] ». Il est en réalité l'application à la vie en société de la vision chrétienne de l'homme. Dans la mesure même où il se situe à ce niveau, il engage la conscience catholique au même titre que les autres aspects de la doctrine chrétienne. « Ce que l'Église enseigne et déclare au sujet de la vie sociale et des relations entre les êtres humains est sans l'ombre d'un doute valable en tout temps[7]. » Traitant du même sujet dans *Pacem in Terris*, le même pape, reconnu pour sa largeur d'esprit, affirmait que les principes relatifs à la nature morale de la vie en société sont « universels, absolus et immuables[8] ». Et pourtant, l'enseignement social de l'Église est ignoré et méconnu non seulement par les laïcs catholiques en général mais aussi par de nombreux prêtres et religieux. Diverses formes de renouveau spirituel se font jour à notre époque. La plupart font abstraction de ce volet important de l'expérience chrétienne. Certains croient pouvoir sauver le monde en faisant uniquement appel à la sanctification personnelle. Il y a là à mon avis une erreur de perspective dangereuse. Il incombe en premier lieu aux catholiques de prendre conscience de l'enseignement social de l'Église et de le faire fructifier sous des formes adaptées aux réalités contemporaines. Cet enseignement social les invite à agir sur le monde actuel non pas en le fuyant ou en l'ignorant mais en y étant lucidement présents.

2) Nous vivons à une époque où le pluralisme des options religieuses est devenu un aspect de plus en plus largement accepté de notre réalité. Mais nous éprouvons en même temps le besoin d'une unité plus forte au sein de la société québécoise. Il est permis de penser que cette unité devra se faire non seulement dans l'accueil de la nouveauté mais aussi dans la recherche d'une plus grande harmonie entre ce que nous avons été et ce que nous sommes. Après avoir allègrement rejeté tout ce qui nous rappelait notre passé, nous éprouvons aujourd'hui le besoin d'en retrouver les principaux éléments afin de mieux faire le

---

[6] Jean XXIII, Encyclique *Mater et Magistra*, par. 222.

[7] *Ibid.*, p. 218.

[8] Jean XXIII, Encyclique *Pacem in Terris*, par. 38.

point sur ce que nous sommes. Cette démarche me paraît non seulement saine mais nécessaire. Car un peuple se construit dans la continuité, non dans de perpétuels recommencements à partir de zéro. Je souhaite cependant que la démarche embrasse non seulement les objets et les choses qui ont pu marquer notre histoire mais aussi les valeurs qui l'ont inspirée à diverses époques. L'enseignement social de l'Église occupe une place importante parmi ces valeurs. Tout en étant conscient que les personnes qui ne se définissent pas comme catholiques ne sauraient se sentir liées par cet enseignement autant que devraient l'être les catholiques, je suis d'avis que, par souci de courtoisie intellectuelle et morale et par respect envers leurs concitoyens de foi catholique, elles devraient, surtout quand elles ont mandat d'enseigner ou de décider au nom de la collectivité, se faire un devoir de connaître cet enseignement et de reconnaître qu'il est un élément important de notre héritage collectif. Étant conscient de la distance qui s'est créée à ce sujet entre la religion catholique et la culture vécue dans des milieux nombreux, je ne suis pas en quête d'adhésions faciles. Je souhaite simplement que les convictions sociales dont les catholiques sont porteurs soient l'objet, de la part de leurs concitoyens qui se veulent libéraux d'esprit, de la même attention respectueuse que l'on attend des catholiques à l'endroit de convictions autres que les leurs.

3) Il y a quelques jours à peine, la Conférence des évêques catholiques du Canada faisait une intervention très bien préparée devant un comité de la Chambre des Communes chargé d'étudier un document de discussion sur le statut juridique du mariage et des autres formes d'union ou de cohabitation. Dans les journaux quotidiens du lendemain, j'ai toutefois cherché en vain la moindre mention de cet événement. Si ce silence était une exception, je n'en dirais pas un mot. Mais c'est ainsi que les choses se passent habituellement. Les médias sont exagérément discrets en matière religieuse, sauf quand il se passe dans le monde religieux des choses qui ont une odeur de scandale ou d'autoritarisme. À part cela, ils n'en parlent pratiquement pas. Les directeurs de médias ont à cet égard une responsabilité importante. Il leur incombe en effet de fournir à leur public une information de qualité dans

tous les grands secteurs de l'activité humaine, y compris, cela me semble aller de soi, dans le secteur religieux. Or, ils s'acquittent trop paresseusement de cette responsabilité en ce qui a trait au secteur religieux. Une large partie de leur public est privée en conséquence d'informations auxquelles elle a droit. Il arrive souvent par ailleurs que des médias fassent une place importante aux propos de chroniqueurs qui connaissent peu de chose à la religion mais qui parlent néanmoins des sujets religieux et moraux avec une assurance qui n'a d'égale que l'ignorance avec laquelle ils en traitent. Je ne demande qu'une chose. Que l'on accorde à l'information religieuse la même attention, le même souci de rigueur et les mêmes ressources qu'aux autres secteurs de l'activité humaine, et que l'on fasse une place raisonnable, dans le traitement de l'information religieuse, au message, aux interventions et aux initiatives des Églises en matière sociale. Le droit du public à une information véridique, impartiale, compétente et diversifiée en sera mieux servi.

L'enseignement social de l'Église et le milieu politique québécois[1]

P endant longtemps, l'enseignement social de l'Église a trouvé au Québec l'un de ses terrains les plus fertiles. Ici comme ailleurs, il donna lieu à de vifs affrontements entre tenants d'une interprétation conservatrice et tenants d'une interprétation libérale. Par-delà ces oppositions, le Québec d'avant la Révolution tranquille fut profondément marqué par l'enseignement social de l'Église. En fait foi l'essor pendant la première moitié du XXᵉ siècle de mouvements directement inspirés de cet enseignement, tels les syndicats catholiques, l'ancienne Union catholique des cultivateurs, les Caisses populaires Desjardins, les Semaines sociales, et d'innombrables organismes confessionnels à but caritatif, social ou éducatif. De nombreuses lois adoptées pendant cette période portent aussi la marque de l'influence de l'enseignement social catholique. Citons à titre d'exemples, les lois sur l'assistance aux pauvres, sur les relations de travail, sur le soutien financier aux familles. Cette situation dura jusque vers 1960. Depuis ce temps, l'enseignement social de l'Église demeure présent dans le paysage politique québécois mais à la manière d'une toile de fond diffuse à laquelle on se réfère de moins en moins souvent de manière explicite.

Afin d'illustrer ce qui s'est passé, permettez-moi d'évoquer quelques faits tirés de mon expérience personnelle. Pendant seize

---

[1] Causerie prononcée le 15 février 2001 à Montréal à l'occasion d'un déjeuner organisé par un groupe d'amis de l'Université pontificale de la Sainte-Croix.

années de vie politique active, j'ai souvenance d'à peine une occasion où quelqu'un est venu m'interpeller au sujet de l'enseignement social de l'Église. C'était vers la fin de 1993 ou le début de 1994. De concert avec un certain nombre de groupes populaires, les évêques du Québec venaient de publier une déclaration sur le chômage. Une délégation dirigée par l'archevêque de Québec était venue rencontrer séparément les deux principaux groupes parlementaires afin de leur expliquer le sens de la déclaration. Je me souviens que la rencontre avec le caucus libéral fut peu fructueuse, et ce pour les raisons suivantes :

a) le Parti libéral n'avait été aucunement consulté au sujet de cette déclaration, alors que divers autres groupes dont l'appui à un autre parti était notoire y avaient été associés;

b) le gouvernement dont je faisais partie déployait cette année-là un effort majeur en matière de création d'emplois mais ce fait était totalement ignoré par les auteurs du document;

c) comparativement à d'autres documents du même genre, dont un texte de l'épiscopat américain que je me permis de porter à l'attention de la délégation, la qualité du document dont on était venu nous entretenir laissait à désirer.

Pendant cette même période, trois textes majeurs émanèrent de Rome en matière sociale. Il y eut en 1981 l'encyclique *Laborem Exercens* sur le travail; en 1987, l'encyclique *Sollicitudo Rei Socialis* sur le 20e anniversaire de l'encyclique *Populorum Progressio*; en 1991, l'encyclique *Centesimus Annus*, laquelle marqua le centième anniversaire de *Rerum Novarum*. Chacune de ces encycliques donna lieu à des développements importants dans l'enseignement social de l'Église. Mais aucune ne suscita un intérêt particulier dans le milieu politique québécois, et ce pour deux raisons principales :

a) les journaux d'ici n'en parlèrent pratiquement pas. Il en est encore de même aujourd'hui : quand un texte pontifical est rendu public, nos journaux n'en rapportent la plupart du temps que des bribes plus ou moins mal digérées à partir de bulletins de presse eux-mêmes fragmentaires et leur consacrent rarement des analyses ou des commentaires;

b) de la part des milieux catholiques, aucune démarche ne fut faite, dans les trois cas dont je parle, pour attirer l'attention des milieux politiques sur la portée de chaque document.

Pendant les années où je fus en politique, les évêques du Québec firent à diverses reprises des déclarations publiques sur divers sujets reliés à l'enseignement social de l'Église. Je ne me souviens d'aucune démarche qui aurait été faite soit par les auteurs de ces déclarations ou leurs représentants pour nous en expliquer le sens, soit par nous, du milieu politique, pour obtenir des explications ou échanger des vues à ce sujet.

Pendant les années où le Parti libéral formait un gouvernement dont je fis partie, soit de 1985 à 1994, nous dûmes faire face à des choix très difficiles. À plusieurs reprises, les relations de travail dans le secteur public et parapublic donnèrent lieu à des conflits majeurs qui mirent en danger la santé, l'éducation et la sécurité publique. À l'occasion de ces affrontements, on vit rarement certains milieux qui aiment se réclamer de la justice et de l'Évangile se porter sans ambiguïté à la défense de l'intérêt public. En raison d'une conjoncture difficile et de la situation fragile des finances publiques, il devint impérieux pendant la même période de procéder à des coupures importantes dans les dépenses publiques. Nous prîmes nos décisions sans qu'aucune référence ne soit faite à l'enseignement social de l'Église dans nos délibérations. Nous ne reçûmes par ailleurs aucun éclairage utile de la part des milieux que l'on identifie avec l'enseignement social de l'Église.

En 1991, eut lieu à Québec une importante rencontre internationale à l'occasion du centième anniversaire de l'encyclique *Rerum Novarum*. Invité à prendre la parole dans le cadre de cette rencontre, je livrai un discours où je souhaitais entre autres que l'Église précise davantage sa position au sujet de l'économie de marché. La seule réaction dont j'eus connaissance à la suite de ce discours fut une remarque d'un collègue péquiste, lequel me reprocha d'avoir prétendu faire la leçon au pape! J'avais préparé ce discours avec beaucoup de soin et je tentais d'y faire le lien entre les préoccupations concrètes de l'homme de gouvernement et l'enseignement social de l'Église. Le seul autre écho que j'en eus fut la réception deux ou trois ans plus tard des Actes du congrès, dans lesquels avait fidèlement été inscrit le texte de mon allocution. Jamais cependant je n'eus connaissance d'aucune réaction à la suite de la publication de ce volume.

Un dernier épisode viendra compléter ce récit. Deux ans après avoir quitté la politique active, je recevais du chef du Parti libéral le mandat de diriger une enquête sur l'accroissement de la pauvreté au Québec. Cette enquête dura presque une année et me permit de constater que la pauvreté s'aggravait tandis que l'économie semblait progresser. À la suite de cette enquête, le groupe que je dirigeais remit au Parti un rapport élaboré contenant de nombreuses propositions. Sans le dire expressément, le rapport se situait, je pense, dans la ligne de ce souci prioritaire pour les plus faibles, qui est un trait essentiel de l'enseignement social de l'Église. Notre document fut généralement bien accueilli par le Parti libéral et par la presse. Mais l'intérêt qu'il suscita fut superficiel et de courte durée. Il nous fallut malheureusement constater que les préoccupations qu'il véhiculait n'avaient pas pénétré la culture du Parti et que la presse était vite passée à autre chose.

Je ne crois pas obéir à un sentiment de dépit ou de nostalgie en évoquant ces faits. Je veux plutôt souligner que l'enseignement social de l'Église a été plus ou moins marginalisé, comme à peu près tout le reste de notre héritage religieux, dans la nouvelle culture que véhiculent désormais au Québec l'enseignement, les médias, les groupes de pression, les œuvres littéraires, etc. Le milieu politique est le reflet assez fidèle de cette évolution. Il est rare que l'on s'y oppose expressément à la religion. On se contente plutôt de professer à son endroit le même genre d'accueil bienveillant que l'on réserve, sans trop s'engager envers chacun, à d'autres courants d'opinion. Les milieux politiques n'ont rien *a priori* contre l'enseignement social de l'Église. Mais ils le connaissent peu et, s'ils en entendent parler, ils l'accueillent comme une voix parmi les autres, sans plus.

À cette première constatation, j'en greffe une deuxième. Dans l'encyclique *Mater et Magistra*, Jean XXIII réaffirmait que « la doctrine sociale chrétienne est partie intégrante de la conception chrétienne de la vie ». Il insistait en conséquence pour que « l'on en étende l'enseignement dans des cours ordinaires, et en forme systématique, dans tous les séminaires, dans toutes écoles catholiques, à tous les degrés[2] ». Il demandait aussi que l'enseignement social de l'Église soit inscrit au programme d'instruction religieuse des paroisses et des groupements d'apostolat des laïcs et propagé par le recours aux moyens modernes de diffusion. À l'occasion de l'étude sur la pauvreté à laquelle je fus associé en 1997, je fus heureux de constater que les milieux religieux — congrégations, paroisses, diocèses, associations — jouent un rôle actif et important au sein des groupes d'action communautaire. À un niveau plus large, j'ai cependant l'impression, à observer le genre de prédication et de formation religieuse qui se fait présentement, qu'il y a encore beaucoup de chemin à faire pour que l'enseignement social de l'Église devienne, selon le vœu de Jean XXIII, partie intégrante de la culture des prêtres, des religieux et des laïcs catholiques.

À la suite de ce bref exposé, vous me demanderez ce qu'il y a lieu d'envisager afin d'améliorer la situation.

En ce qui concerne les milieux catholiques

a) Dans notre milieu où plusieurs redoutent encore l'autoritarisme imputé à l'Église, il faut d'abord situer à un juste niveau ce que l'on doit attendre de l'enseignement social de l'Église et ce que l'on ne saurait en attendre. Sur la base de certains passages de l'encyclique *Quadragesimo Anno*, on a pu croire, par exemple, que l'Église proposait un programme précis pour l'organisation économique de la société, soit le modèle corporatiste. Or, cette impression ne tient plus aujourd'hui. Jean XXIII, Paul VI et le pape actuel ont en effet précisé à plusieurs reprises que l'enseignement social de l'Église n'est ni une idéologie, ni une théorie, ni un modèle préfabriqué d'organisation économique et sociale, ni un recueil de solutions techniques, ni « une troisième voie entre le capitalisme libéral et le collectivisme marxiste » mais

---

[2]   Collectif, *L'Église et la question sociale de Léon XIII à Jean-Paul II*, Montréal, Fides, 1991. Voir p. 173.

qu'il vise plutôt à agir comme « une orientation intellectuelle indispensable », comme « un fondement ou une motivation de l'action[3] ».

b) On ne saurait souhaiter que l'enseignement social de l'Église connaisse un large rayonnement si les membres mêmes de l'Église l'ignorent ou le considèrent comme un élément marginal de leur engagement religieux. Conformément au vœu émis par Jean XXIII dans *Mater et Magistra*, il importe en conséquence que l'étude de l'enseignement social de l'Église soit étendue à tous les établissements catholiques de formation, qu'elle soit inscrite au programme d'instruction religieuse des paroisses et des groupements d'apostolat des laïcs, et que cet enseignement soit propagé par les moyens modernes de diffusion.

c) Aux communautés chrétiennes de chaque pays, disait Paul VI dans *Octogesima Adveniens*, « il revient d'analyser avec objectivité la situation propre de leur pays, de l'éclairer à la lumière de l'évangile et de l'enseignement social de l'Église et de définir les choix et les engagements qui s'imposent pour opérer les transformations qui s'avèrent nécessaires[4] ». Il serait souhaitable dans cette perspective de susciter et d'appuyer la formation, dans divers milieux et à divers niveaux de responsabilité, de groupes de travail où, avec l'aide de spécialistes des sciences humaines, des personnes engagées dans l'action pourraient approfondir les implications de l'enseignement social de l'Église pour leur secteur respectif d'engagement.

En ce qui concerne les milieux politiques

a) Pour des raisons historiques qui s'expliquent, il était devenu de bon ton, ces dernières années, de ne pas parler de sa foi dans les milieux politiques sous prétexte qu'il ne fallait pas mêler la politique et la religion. Il est vrai qu'en soi, maintes décisions politiques ne requièrent pas une référence explicite à la foi religieuse des acteurs. Mais les orientations des partis et des parle-

---

[3]   *Ibid.*, p. 445, 446, 521, 526 et 539.

[4]   *Ibid.*, p. 285.

ments véhiculent, qu'on le veuille ou non, une conception de l'homme et de la vie en société qui rejoint tôt ou tard nos valeurs les plus fondamentales. Il me paraît souhaitable en conséquence que les acteurs mandatés pour agir en notre nom à ce niveau soient davantage connus pour ce qu'ils sont et que l'on sache les valeurs auxquelles ils sont attachés. On ne saurait certes attendre du chrétien engagé dans le milieu politique qu'il cherche envers et contre tous à imposer son point de vue aux autres. On est fondé cependant, de souhaiter qu'il veille à ce que, dans les débats, ses préoccupations morales et spirituelles figurent parmi les éléments dont on devra tenir compte dans les décisions, tout comme lui-même devra loyalement prendre en compte les points de vue différents du sien. Je souhaiterais pour ma part un peu moins de faux puritanisme et un peu plus de transparence à cet égard de la part des personnes engagées dans la vie publique.

b) Il faut aussi éviter que la référence à l'enseignement social de l'Église ne devienne identifiée de manière trop exclusive à un parti ou à quelques groupes ou personnes, car alors cet enseignement tendrait vite à se transformer en un programme politique, ce qui serait contraire à sa nature. L'enseignement social de l'Église reconnaît explicitement que des divergences peuvent légitimement exister entre catholiques en ce qui touche la mise en œuvre concrète de l'enseignement social de l'Église. « Dans les situations concrètes, et compte tenu des solidarités vécues par chacun, il faut reconnaître, disait Paul VI dans *Octogesima Adveniens*, une légitime variété d'options possibles. Une même foi, ajoutait-il, peut conduire à des engagements différents[5]. » L'enseignement social de l'Église est mal servi quand des partis ou des groupes prétendent se l'approprier et dénoncent volontiers comme pervers ou hérétiques ceux qui sont d'un avis différent du leur. Il est également mal servi quand des prêtres, des religieux ou des associations catholiques se prêtent à ce genre de détournement.

---

[5]   *Ibid.*, p. 314.

c) Il faudrait enfin mettre au point une stratégie simple afin de promouvoir un dialogue entre ceux qui ont la charge de diffuser l'enseignement social de l'Église et les milieux politiques. Le premier élément de cette stratégie devrait consister à s'assurer que les acteurs politiques seront directement informés des nouveaux développements en relation avec l'enseignement social de l'Église. Un deuxième élément devrait consister à établir des mécanismes de liaison permanente grâce auxquels la porte serait toujours ouverte à des conversations utiles, voire en certaines circonstances, à des actions concertées.

En guise de conclusion

Je quitte ce monde…[1]

J e quitte ce monde à regret car j'ai beaucoup aimé y vivre. Je le quitte avec une pensée sincère de gratitude pour les personnes qui m'ont permis par leur amitié, leur soutien et leurs conseils de mener une vie pleine et généralement heureuse. Je sollicite l'indulgence des personnes que j'ai pu offenser par mes paroles et mes actes et je demande à Dieu de me libérer de toute pensée d'amertume ou de vindicte à l'endroit de celles avec lesquelles j'ai pu avoir des démêlés ou des désaccords. Je prie Dieu de me pardonner pour les fois nombreuses où mes actes et mes pensées se sont éloignés de sa volonté. Je lui demande humblement de m'accueillir dans sa paix.

Je remercie l'Église catholique romaine d'avoir fourni à ma fragile existence l'encadrement moral et spirituel sans lequel celle-ci se serait souvent égarée. L'Église catholique est maîtresse de vie par excellence. Elle connaît mieux que personne les aspirations et les replis du cœur humain. Parmi les sources qui m'ont ouvert l'accès aux richesses du christianisme, je souligne la formation reçue au foyer, à l'école et dans la paroisse, la participation aux mouvements d'Action catholique, l'étude de l'histoire de l'Église, la fréquentation assidue des documents du Magistère et des auteurs spirituels et religieux, notamment et enfin l'exemple vécu d'innombrables prêtres, religieux et laïcs qui furent présents dans ma vie à un moment ou à un autre.

---

[1] Extraits du testament qui a été lu lors des funérailles de Claude Ryan par son fils, André Ryan.

J'aurais aimé fréquenter davantage la Bible. Ce n'est cependant que dans les années de retraite que j'ai pu trouver à cette fin les orientations sûres, tant sous l'angle de la connaissance scientifique que sous celui de la foi, dont j'éprouvais le besoin.

Notre peuple doit principalement à l'Église catholique d'avoir survécu avec honneur et dignité aux nombreuses épreuves auxquelles il fut soumis. Mon vœu le plus cher, c'est que, par-delà les mutations des dernières décennies, il trouve le bonheur et la liberté dans l'adhésion libre et sincère aux enseignements spirituels et moraux de Jésus Christ, en particulier dans le respect du caractère sacré de la vie. Ces enseignements trouvent à mon avis leur expression la plus fidèle et la plus stable dans le Magistère et le ministère de l'Église catholique.

Tout en professant cette conviction, j'ai observé avec joie et espérance l'ouverture grandissante dont l'Église catholique a fait preuve sous les derniers papes, en particulier sous le pape Jean-Paul II, à l'endroit des autres confessions chrétiennes et de toutes les religions qui s'emploient à connaître, honorer et aimer Dieu. Je quitte cette vie en souhaitant que les familles religieuses cheminent vers une plus grande unité.

Les étapes d'une vie

Je remercie les mouvements, associations, institutions et organismes de toute sorte qui m'ont fourni à diverses étapes de ma vie adulte la chance de me rendre utile à notre société et de participer à son évolution.

J'ai une pensée spéciale de gratitude pour les établissements d'enseignement que j'ai fréquentés et qui, chacun, m'ont marqué; pour les mouvements d'Action catholique, qui furent pour moi une extraordinaire école de vie engagée; pour le journal *Le Devoir*, où j'ai appris les racines profondes de l'attachement de notre peuple à la préservation de son identité propre; pour les innombrables associations religieuses, sociales, culturelles et économiques dont j'ai fait partie; pour le Parti libéral du Québec, dont la remarquable continuité historique et la vigueur maintes fois retrouvée sont attribuables au respect qu'il a généralement professé pour les valeurs de liberté et de justice, à son identification aux aspirations et aux luttes de notre peuple et à sa conception pragmatique de la politique; pour le comté d'Argenteuil, sa population et les collaboratrices et collaborateurs nombreux que j'y ai trouvés, et dont l'appui fidèle et généreux fut le soutien indispensable de mon engagement politique; pour l'Assemblée nationale et le gouvernement du Québec, au sein desquels je fus fier et honoré de servir pendant plusieurs années en compagnie d'hommes et de femmes éminemment dignes et représentatifs de notre société dans sa riche diversité; et enfin pour divers organismes canadiens — publications et organes de diffusion, universités, gouvernements, associations, Ordre du Canada — qui, sans nécessairement épouser mes vues, m'ont accordé leur confiance ou à tout le moins leur écoute à diverses étapes de mon cheminement professionnel et politique.

Le sort du Canada, celui des faibles

Je quitte cette vie en souhaitant que le Québec continue de faire partie de l'ensemble politique canadien. Tout en étant conscient des difficultés auxquelles se heurte la volonté de changement maintes fois exprimée par le Québec, je suis convaincu qu'il est du meilleur intérêt du Québec et du reste du Canada de poursuivre leur destin au sein d'un cadre politique commun. Le cadre fédéral canadien me paraît plus propice au développement des valeurs de liberté et de respect mutuel sans lesquelles la dualité linguistique et la diversité culturelle qui caractérisent le Canada et aussi, dans une mesure croissante, le Québec ne sauraient durer et s'épanouir. Il offre à mes yeux de meilleures garanties que la séparation pour la préservation des valeurs culturelles propres à chacune de nos deux sociétés d'accueil.

Dans le cas du Québec, ces garanties seront cependant plus sûres dans la mesure où son caractère propre et les aspirations légitimes qui en découlent seront plus franchement acceptés par l'ensemble du pays. Je dis ceci avec conviction mais sans fanatisme ni amertume, en professant respect et considération pour les opinions différentes ou contraires et en reconnaissant que le dernier mot en cette affaire doit revenir en temps utile au jugement librement et clairement exprimé du peuple.

Je souhaite enfin que les gouvernements, les partis politiques, les associations de toute sorte, les médias et la population se préoccupent davantage du sort fait aux membres plus faibles de la société. La vraie démocratie doit savoir concilier les valeurs de liberté et les valeurs de justice sociale. Or l'écart entre les pauvres et les riches a trop souvent tendu à augmenter ces dernières années. Il y a toujours beaucoup trop d'inégalités injustifiables dans l'attribution de la richesse et du pouvoir. La responsabilité de la société politique s'en trouve accrue d'autant.

Table des matières

AGMV Marquis

MEMBRE DE SCABRINI MEDIA

Québec, Canada
2004